DSM-5®
— SELECTIONS —

# DSM-5
# 조현병 스펙트럼 및 기타 정신병적 장애

DSM-5®
SCHIZOPHRENIA SPECTRUM AND OTHER PSYCHOTIC DISORDERS

APA 집필 / 강진령 역

AMERICAN PSYCHIATRIC ASSOCIATION

학지사

Schizophrenia Spectrum and Other Psychotic Disorders, DSM-5® Selections, first edition
by American Psychiatric Association

# 역자 서문

미국정신의학회(American Psychiatric Association)는 2013년 DSM-5를 출간한 이래, 정신건강 전문가들의 정신장애 이해와 임상적 진료를 돕기 위해 관련 서적을 출간해 왔다. 그중에서도, 'DSM-5 Selections'는 DSM-5에 수록되어 있는 주요 정신장애를 선별하여 다른 포맷으로 구성 · 제작한 정신장애 시리즈다. 이 시리즈는 DSM-5의 제II편에 수록되어 있는 정신장애들 중 6개 진단군을 선별하여 총 6권으로 되어 있다. 각 권의 주제는 신경발달장애(1), 조현병 스펙트럼 및 기타 정신병적 장애(2), 우울장애(4), 불안장애(5), 급식 및 섭식 장애(10), 수면-각성 장애(12)[주. 소괄호 안의 숫자는 본문에 배열된 순서임]다.

'DSM-5 Selections'의 각 권은 특정 장애군에 대한 ① DSM-5 텍스트의 진단기준, ② DSM-5 가이드북, ③ DSM-5 임상사례집, ④ DSM-5 확인문제, ⑤ DSM-5 확인문제 정답 및 해설로 구성되어 있다. 먼저, DSM-5 가이드북은 DSM-5의 텍스트 내용을 보다 쉽게 설명해 놓았다. 독자들은 새로운 각도에서 DSM-5를 조망할 수 있을 것이다. 또한 평가문제 풀이를 통해 해당 정신장애에 관한 학습 정도를 확인해 볼 수 있을 것이다. 특히, 평가문제에 대한 정답 및 해설집은 보다 포괄적인 관점에서 독자들의 특정 장애에 대한 학습의 완성도를 극대화시킬 수 있을 것이다.

이 땅에 긍정심리학이 전해지면서 정신의학과 심리학이 인간의 어두운 단면만을 조명한다는 비판의 소리도 있었다. 그렇지만 현대 사회의 이면에는 여전히 명시적 · 암묵적으로 정신적인 문제로 고통을 겪는 사람들이 많은 것이 현실이다.

그러기에 오늘날처럼 정교하게 다듬어진 편람인 DSM-5가 요구되는 시대도 없을 것이다. '만남은 우연처럼 주어지는 선물'이라는 말이 있다. 역자뿐 아니라 독자들도 우연처럼 주어진 'DSM-5 Selections'와의 만남을 통해 정신장애에 대한 이해의 깊이를 더할 수 있기를 바란다.

끝으로, 'DSM-5 Selections' 번역을 위해 역자를 믿고 손을 내밀어 주신 김진환 사장께 깊이 감사드린다. 또한 인생의 중대사를 치르면서도, 깔끔하고 명쾌한 소통으로 멋진 역서가 나올 수 있도록 챙겨 준 편집부의 이상경 대리께 감사의 마음을 전한다. 바라건대, 이 책이 다양한 정신장애의 이해와 통찰로 통하는 왕도(王道)가 되었으면 한다. 이 책을 통해 정신건강 전문가들의 정신장애 이해와 진단 역량을 극대화하는 한편, 정신장애로 고통을 겪고 있는 사람들을 능숙하게 돕는 데 일조하기를 바라면서 이 글을 맺는다.

2017년 2월

역자

# DSM-5® Selections 서문

DSM-5 Selections 방문을 환영한다. 이 시리즈의 목적은 DSM-5 장애 범주와 연관된 중요한 진단적 쟁점에 관하여 독자들을 교육하는 것이다. DSM-5 Selections 시리즈에서 먼저 출간된 서적으로는 ① 수면-각성장애, ② 우울장애, ③ 조현병 스펙트럼 및 기타 정신병적 장애, ④ 급식 및 섭식 장애, ⑤ 신경발달장애, 그리고 ⑥ 불안장애가 있다. 시리즈의 각 권에는 각각의 진단범주에 해당되는 장애의 진단기준이 제시되어 있다. 이 진단범주는 오늘날 임상적 실천을 위해 활용 가능한 가장 종합적이고 중요한 자원인 DSM-5에서 직접 발췌한 것들이다. 또한 이 시리즈의 각 서적에는 DSM-5 가이드북, DSM-5 임상사례집, 그리고 DSM-5 확인 문제집에서 발췌된 내용들이 수록되어 있다. 결과적으로, 이 시리즈의 각 권에서는 독자들에게 DSM-5 장애의 각 범주에 대해 독특하게 소개하고 있고 DSM-5 장애들에 관한 각자의 지식을 확인해 볼 수 있는 기회를 제공하고 있다.

**DSM-5 가이드북**Guidebook은 임상가와 연구자들에게는 DSM-5 장애에 대한 로드맵 역할을 한다. 이 부분은 DSM-5의 내용을 명확하고 이해하기 쉽게 제시함으로써 정신건강 전문가들에게 개정된 진단기준의 사용방법을 알려 주는 한편, 임상적 활용을 위한 실질적인 내용을 제공하고 있다. 이 책은 DSM-IV-TR과 비교할 때, 진단범주의 임상적 적용에 매우 심각하게 영향을 줄 수 있는 DSM-5에서 개정된 내용에 초점을 맞춤으로써 DSM 진단범주에 대한 신선한 조망을 제공하고 있다.

**DSM-5 임상사례집**Clinical Cases에는 특정 범주에 속하는 장애 진단기준의 전형적인 예가 될 수 있는 다양한 환자에 대한 사례들이 제시되어 있다. **DSM-5 임상 사례집**은 교사, 학생, 그리고 임상가들을 위해 DSM-5를 살아 움직이게 하고 있다. 이 책은 증상, 심각도, 동반이환, 발병 연령을 포함한 진단 개념, 여러 장애에 포괄적으로 적용되는 범주, 그리고 성별과 문화적 차이에 따른 시사점에 대해 독자들의 이해를 돕는다.

**DSM-5 확인문제**의 문항들은 DSM-5에서 변화된 개념, 진단에 대한 특정 변화, 그리고 진단기준에 대한 독자들의 지식을 확인해 보기 위해 집필되었다. 각 문항에는 정답의 근거에 대한 설명과 진단분류, 진단범주 세트, 진단명, 부호, 심각도, 문화, 연령, 그리고 성별에 관한 중요한 정보가 담겨 있는 짤막한 해설이 포함되어 있다. 문항들은 다양한 시험 준비에 도움이 될 것이다.

**DSM-5 Selections 시리즈**는 DSM-5 또는 내용의 일부를 발췌한 다른 서적들을 대체하기 위해 출간된 것이 아니다. 다만, 이 시리즈는 독자들에게 특정 장애의 범주와 직접적으로 관련 있는 핵심 자료들을 선사하기 위한 것이다. 만일 특정 장애나 장애 범주에 관해 더 많은 정보가 필요하다면, APP 교재나 임상 편람을 참조해 볼 것을 권한다. APP 출판물 전체 목록은 www. appi.org에서 확인할 수 있다.

Robert E. Hales, M.D.

편집장

# 차 례

# 머리말

DSM-5의 "조현병 스펙트럼 및 기타 정신병적 장애Schizophrenia Spectrum and Other Psychotic Disorders" 장에는 12가지 정신장애가 수록되어 있다. 조현병 외에도, 여기에 수록된 장애로는 조현양상장애, 단기 정신병적 장애, 조현정동장애, 망상장애, 조현형(성격)장애, 그리고 긴장증이 있다. DSM-5의 다른 장애들과 마찬가지로, 조현병과 정신병적 장애는 약물이나 약물치료, 또는 다른 의학적 상태로 인해 발생하기도 한다.

조현병은 사람들의 사고, 감정, 행동에 영향을 미치는 일종의 뇌질환이다. 이 질환의 경과는 매우 가변적이어서, 그 결과는 완전 회복부터 심각한 장애 상태까지 범위가 넓다. 이 책에 수록된 자료를 읽으면 알게 되겠지만, 조현형의 가장 두드러지는 특징은 환각, 망상, 와해된 사고다. 게다가, 이 장애가 있는 환자들은 인식하기 힘든 음성 증상을 나타낸다. 음성 증상의 예로는 사회적 위축과 정서적 참여 감소가 포함된다.

조현병은 보통 청소년 후기 또는 성인기 초기에 발병된다. 그 결과, 조현병과 기타 정신병적 장애는 평생 동안 환자를 무기력하게 만드는 주된 원인이 된다. 예를

---

출처: Stroup TS, Lawrence RE, Abbas AI, et al.: "Schizophrenia Spectrum and Other Psychotic Disorders," in *The American Psychiatric Publishing Textbook of Psychiatry*, 6th Edition. Edited by Hales RE, Yudofsky SC, Roberts LW. Washington, DC, American Psychiatric Publishing, 2014, pp. 273-309.

들어, 조현병은 전 세계에 걸쳐 남녀 모두를 무기력하게 만드는 주된 원인이다. 이에 대한 예로는 실업, 폭력, 입원, 의학적 질환, 노숙, 그리고 조기 사망을 들 수 있다.

전 세계적으로, 조현병의 유병률은 1%로 추산되지만, 이보다 더 높을 수 있다. 이 질환은 여러 인구에 있어서 현저한 차이가 있다. 불행하게도, 조현병이 있는 많은 사람은 적절한 치료를 받지 못하고 있다.

조현병의 경과는 완전 회복에서부터 만성성에 이르기까지 그 범위가 넓다. 보통 정신병 삽화를 처음 경험하는 환자들은 관해를 경험하게 된다. 그러나 이 병은 거의 대부분의 환자에게 있어서 재발된다. 조현장애가 발병된 사람들의 약 20%는 회복 상태를 유지하게 되고, 이들 중 소수의 사람만이 완쾌되어 재발되지 않는다.

환자의 약 1/3 정도가 비교적 양호한 성과를 얻지만, 나머지 2/3는 중등도에서 고도의 증상과 기능 손상을 가질 것이다. 환자의 10% 정도는 지속적이고 관해되지 않는 정신병으로 시달리게 될 것이다. 임상가들은 흔히 이 장애에 대해 비관적인 견해를 보인다. 이들은 지속성 또는 재발성 증상과 심각한 기능장애가 있는 환자들만을 만날 뿐, 회복되어 재발되지 않는 환자들은 거의 만나지 않기 때문이다.

조현병 스펙트럼 및 기타 정신병적 장애는 진단, 이해, 치료에 중요한 장애다. 조기 진단과 치료는 한 사람의 삶을 변화시킬 수 있다. 이 책에 수록된 자료는 임상가들이 조현병 스펙트럼장애로 고통받고 있는 환자들을 더 잘 이해하고 진단하는 데 도움을 줄 것이다.

## DSM-IV-TR에서 DSM-5로의 주요 변화사항

DSM-IV의 조현병 진단기준 A에 있어서는 2가지 변화가 있었다. 첫 번째 변화는 괴이한 망상의 특별한 귀인과 슈나이더식Schneiderian의 일급 환청(예, 2가지 이상의 목소리의 대화)을 삭제한 것이다. DSM-IV에서는 진단기준 A에 대한 진단적 필수요건을 충족시키기 위해서는 다른 증상들 중 2가지 대신 이러한 증상 한 가지만 요구되었다. 이러한 특별한 귀인은 슈나이더식 증상의 비특이성과 괴이한 망상과 비괴이한 망상의 구별에 있어 신뢰도가 낮다는 이유로 인해 삭제되었다. 그러므로 DSM-5에서는 조현병 진단에 2가지 진단기준 A의 증상이 필수적으로 요구된다. 두 번째 변화는 진단기준 A에 개인은 적어도 3가지 증상(망상, 환각, 와해된 말) 중 적어도 한 가지가 있어야 한다는 필수요건이 추가된 것이다. 이러한 핵심 "양성 증상들" 중 적어도 1가지가 조현병의 신뢰성 있는 진단을 위해 요구된다.

## 조현병 아형

DSM-IV의 조현병 아형(즉, 편집형, 와해형, 긴장형, 불특정형, 잔류형)은 제한된 진단적 안정성, 낮은 신뢰도, 그리고 낮은 타당도로 인해 삭제되었다. 이 아형들은 또한 치료 반응 또는 종단적 경과의 독특한 패턴을 보여 주지 못했다. 대신, 조현병의 핵심 증상에 대한 심각도 평가를 위한 차원적 접근이 DSM-5의 제III편에 포함되어 있다. 그 이유는 정신병적 장애가 있는 사람들로부터 표출된 증상 유형과 심각도에 있어서의 중요한 이질성을 포착해 내기 위함이었다.

## 조현정동장애

조현정동장애에 대한 주요 변화는 진단기준 A를 충족시키고 나서, 주요 기분 삽화가 장애의 총 기간 대부분 동안 발현되어야 한다는 필수요건이다. 이러한 변화는 개념적 · 심리측정적 기반 위에 이루어졌다. 이를 통해 조현정동장애는 횡단적 진단 대신 보다 조현병, 양극성장애, 주요우울장애와 견줄 수 있는 종단적 진단으로 만들어졌다. 조현정동장애는 이들 장애와의 교량 역할을 한다. 이러한 변화로 이 장애의 신뢰도, 진단적 안정성, 그리고 타당도가 높아진 반면, 다른 시점에서의 정신병적 증상과 기분 증상 둘 다 있는 환자들의 특징에 대한 인식이 임상적 도전이 되고 있다.

## 망상장애

망상장애의 진단기준 A에서는 망상이 반드시 비괴이[nonbizarre]해야 한다는 필수요건이 삭제되었다. 괴이한[bizarre] 망상 명시자("괴이한 내용 동반")는 DSM-IV와의 연계성을 제공한다. 강박장애와 신체변형장애의 정신병적 이형[variants]과 망상장애의 경계는 새롭게 마련된 배제에 관한 진단기준으로 인해 분명해졌다. 이 기준에는 증상이 병식 없음/망상적 믿음 동반 강박장애 또는 신체변형장애 같은 상태에 의해 더 잘 설명되지 않아야 한다고 기술되어 있다. DSM-5에서는 더 이상 망상장애와 공유된 망상장애를 분리하고 있지 않다. 만일 진단범주가 망상장애에 부합된다면, 이 장애로 진단한다. 만일 진단이 내려질 수 없지만 공유된 신념이 발현된다면, 달리 명시된 조현병 스펙트럼 및 기타 정신병적 장애로 진단된다.

## 긴장증

상황이 정신병적 장애, 양극성장애, 우울장애, 또는 다른 의학적 장애나 확인되지 않은 의학적 상태인지에 상관없이, 긴장증 진단에는 동일한 진단범주가 사용된다. DSM-IV에서는 상황이 정신병적 장애 또는 기분장애인 경우, 5가지 증상군 중 2가지가 필수적으로 요구되었다. 반면, 일반적인 의학적 상태인 경우에는 한 가지 증상군이 요구되었다. DSM-5에서는 모든 상황에서 3가지 긴장증 증상이 요구된다(총 12개의 특징적인 증상 중). DSM-5에서 긴장증은 우울장애, 양극성장애, 그리고 정신병적 장애의 명시자, 다른 의학적 상태가 있는 상황에서 분리된 진단, 또는 달리 명시된 진단으로 진단될 수 있다.

# DSM-5® 조현병 스펙트럼 및 기타 정신병적 장애: ICD-9-CM 및 ICD-10-CM 부호

| 장애 | ICD-9-CM | ICD-10-CM |
|---|---|---|
| 조현형(성격)장애 | 301.22 | F21 |
| 망상장애 | 297.1 | F22 |
| 단기 정신병적 장애 | 298.8 | F23 |
| 조현양상장애 | 295.40 | F20.81 |
| 조현병 | 295.90 | F20.9 |
| 조현정동장애 | | |
| 양극형 | 295.70 | F25.0 |
| 우울형 | 295.70 | F25.1 |
| 물질/약물치료로 유발된 정신병적 장애 | 아래 표 참조 | |
| 다른 의학적 상태로 인한 정신병적 장애 | | |
| 망상 동반 | 293.81 | F06.2 |
| 환각 동반 | 293.82 | F06.0 |
| 긴장증 | | |
| 다른 정신질환과 연관된 긴장증(긴장증 명시자) | 293.89 | F06.1 |
| 다른 의학적 상태로 인한 긴장성장애 | 293.89 | F06.1 |
| 명시되지 않는 긴장증 | 293.89 | F06.1 |
| 달리 명시된 조현병 스펙트럼 및 기타 정신병적 장애 | 298.8 | F28 |
| 명시되지 않는 조현병 스펙트럼 및 기타 정신병적 장애 | 298.9 | F29 |

| 물질/약물치료로 유발된 정신병적 장애 | | | | |
|---|---|---|---|---|
| | | ICD-10-CM | | |
| | ICD-9-CM | 사용장애 경도 | 사용장애 중등도 또는 고도 | 사용장애 없음 |
| 알코올 | 291.9 | F10.159 | F10.259 | F10.959 |
| 대마 | 292.9 | F12.159 | F12.259 | F12.959 |
| 펜시클리딘 | 292.9 | F16.159 | F16.259 | F16.959 |
| 기타 환각제 | 292.9 | F16.159 | F16.259 | F16.959 |
| 흡입제 | 292.9 | F18.159 | F18.259 | F18.959 |
| 진정제, 수면제, 또는 항불안제 | 292.9 | F13.159 | F13.259 | F13.959 |
| 암페타민(또는 기타 자극제) | 292.9 | F15.159 | F15.259 | F15.959 |
| 코카인 | 292.9 | F14.159 | F14.259 | F14.959 |
| 기타(또는 미상의) 물질 | 292.9 | F19.159 | F19.259 | F19.959 |

01

# 조현병 스펙트럼 및 기타 정신병적 장애

## 정신질환의 진단 및 통계 편람, 제5판

조현병 스펙트럼 및 기타 정신병적 장애Schizophrenia Spectrum and Other Psychotic Disorders에는 조현병, 기타 정신병적 장애, 조현형(성격)장애 등이 있다. 이 장애들은 ① 망상, ② 환각, ③ 와해된 사고(말speech), ④ 극도로 와해된 또는 비정상적 운동행동(긴장증 포함), ⑤ 음성 증상의 5개 범주 중 한 가지 이상에서의 비정상성에 의해 정의된다.

## 정신병적 장애를 정의하는 핵심적 특징

### 망상

망상delusions이란 모순된 증거를 고려하고도 쉽게 변경되지 않는 고정된 믿음이다. 망상 내용에는 다양한 주제가 포함된다(예, 피해, 관계, 신체, 종교, 과대). 피해망상persecutory delusions(예, 자신이 어떤 사람이나 조직 혹은 다른 집단에 의해 해를 입거나 괴롭힘을 당할 것이라는 믿음)은 가장 흔한 망상이다. 관계망상referential delusions(예, 어떤 동작이나 말, 주변의 단서 등이 자신을 겨냥한 것이라는 믿음) 또한 흔하다. 과대망상grandiose delusions(예, 자신이 특출한 능력이나 부 혹은 명성을 갖고 있다고 믿을 때)과 색정망상(예, 다른 사람이 자신을 사랑하고 있다고 잘못 믿을 때) 또한 나타난다. 허무망상nihilistic delusions은 대참사가 일어날 것이라는 신념을 수반하고, 신체망상somatic delusions은 건강과 장기기능에 대한 집착에 초점을 맞춘다.

망상은 그 내용이 같은 문화의 또래들에게 명백하게 믿기 어렵고 이해할 수 없는 경우, 그리고 보통의 일상적인 경험에서 유래되지 않는 경우, 괴이한bizarre 것으로 간주된다. 괴이한 망상의 예로는 외부 세력이 자신의 장기를 떼어 갔다거나, 아무 상처나 흉터를 남기지 않은 채 자신의 장기를 다른 사람의 장기로 바꿔치기했다는 믿음이 있다. 괴이하지 않은nonbizarre 망상의 예로는 확신할 만한 증거가 없음에도 불구하고 자신이 경찰에게 감시당하고 있다는 믿음이 있다. 마음이나 신체에 대한 통제상실을 표현하는 망상은 일반적으로 괴이한 것으로 고려된다. 여기에는 자신의 생각이 어떤 외부 세력에 의해 "제거removed"되어 버렸다는 믿음(사고탈취thought withdrawal), 외계의 사고가 자신의 마음에 밀려 들어와 있다는 믿음(사고주입thought insertion), 자신의 신체나 행위가 어떤 외부 세력에 의해 작동되거나 조작되고 있다는 믿음(조종망상delusion of control) 등이 포함된다. 망상과 강력한 주장 사이의 구분은 때로는 어렵다. 이 구분은 어느 정도는 사실 여부에 대한 분명하거나 합리적인 반증에도 그 믿음을 고수하는 확신의 수준에 달려 있다.

## 환각

환각hallucinations이란 외부 자극 없이 일어나는 유사 지각 경험이다. 환각은 정상 지각과 똑같이 생생하고 분명하며, 수의적 통제하에 있지 않다. 환각은 어떤 감각 양식에서도 일어날 수 있다. 그러나 조현병 및 관련 장애에서는 환청auditory hallucination이 가장 흔하다. 환청은 대개 자신의 사고와 구분되어 지각되는 음성으로 경험되며, 그 음성은 익숙할 수도 있고 생소할 수도 있다. 환각은 분명한 감각 체계의 맥락에서 일어나야 한다. 그래서 잠이 들 때(입면) 혹은 잠에서 깰 때(출면) 일어나는 환각은 정상 경험의 범위 내에 있는 것으로 간주된다. 환각은 문화적 맥락에 따라서 정상적인 종교적 체험일 수 있다.

## 와해된 사고(언어)

와해된 사고disorganized thinking(사고형식장애formal thought disorder)는 전형적으로 각 개인의 말speech에서 유추된다. 한 가지 화제에서 다른 화제로 옮겨 가는 경우(탈선 혹은 이완연상loose association)와 질문에 대한 대답이 모호하게 관련되거나 완전히 무관한 경우(이탈tangentiality)가 여기에 해당된다. 드물게 언어가 너무 심하게 와해되어 거의 이해 불가능하게 되면서 언어적 와해 상태의 수용성 실어증receptive aphasia과 유사한 양상을 보이기도 한다(지리멸렬incoherence 혹은 "말 비빔word salad"). 약하게 와해된 언어가 흔하면서도 비특이적인 현상이기 때문에, 증상은 효율적 소통을 실질적으로 저해할 정도로 충분히 심한 정도여야 한다. 진단을 내리는 사람이 진단 대상자와 언어적 배경이 다른 경우, 손상의 심각도에 대한 평가가 어려울 수도 있다. 덜 심한 와해된 사고 혹은 언어는 조현병 전구기와 잔류기에 나타나기도 한다.

## 극도로 와해된 또는 비정상적 운동 행동(긴장증 포함)

극도로 와해된disorganized 또는 비정상적 운동 행동은 어린애 같은 "우둔함silliness"부터 예측 불가의 초조에 이르기까지 다양한 방식으로 나타난다. 문제들이 일상생활의 활동 수행에 어려움을 초래하는 목표지향적 행동의 형태로 표출되기도 한다.

긴장성 행동catatonic behavior이란 환경에 대한 반응성이 현저하게 감소된 상태를 말한다. 이에 해당되는 행동으로는 지시에 대한 저항(거부증negativism)부터 경직되거나 부적절하거나 괴이한 자세의 유지 혹은 언어 반응과 운동 반응의 완전 결여(함구증과 혼미stupor)에 이르기까지 다양하다. 또한 명백한 이유가 없는 무목적성 과도한 운동 활동(긴장성 흥분)도 여기에 포함된다. 다른 특색으로는 반복적인 상동적 운동, 응시하기, 찡그리기, 함구증, 언어반향 등이 있다. 비록 긴장증이 역사적으로 조현병과 연관되어 왔지만, 긴장성 증상들은 비특이적이어서 다른 정신질환(예, 긴장증을 동반하는 양극성 또는 우울장애)과 의학적 상태(다른 의학적 상태로 인한 긴장성장애)에서 일어나기도 한다.

## 음성 증상

음성 증상negative symptoms은 조현병과 연관된 병적 상태의 상당 부분을 설명하나,

다른 정신병적 장애에서는 덜 뚜렷하다. 정서표현 감소와 무의욕증 같은 2가지 음성 증상이 조현병에서 특히 뚜렷하다. 정서표현 감소에는 얼굴 표정, 눈 맞춤, 말의 억양(운율), 정상적으로 말에 대해 정서적으로 강조해 주는 손과 머리 및 얼굴 동작 등의 감소가 포함된다. 무의욕증avolition이란 동기가 있고, 자기주도적이며, 목적의식이 있는 활동이 감소된 상태를 말한다. 이 증상이 있는 사람은 장기간 앉아만 있으면서 일 또는 사회활동 참여에 흥미를 보이지 않는다. 다른 음성 증상으로 무언증, 무쾌감증, 무사회증 등이 있다. 무언증alogia은 언어표출 감소로 나타난다. 무쾌감증anhedonia은 긍정적인 자극에 대한 즐거움 경험 능력의 감소 또는 종전에 경험한 즐거움의 회상 저하다. 무사회증asociality은 사회적 상호작용에 대한 흥미가 현저하게 결여된 상태를 말한다. 이는 무의욕증과 연관되기도 하나, 사회적 상호작용에 대한 제한된 기회의 징후일 수도 있다.

## 이 장의 장애

이 장은 정신병리의 경중에 따라 정리된다. 임상가들은 우선적으로 정신병적 장애의 기준에 완전히 도달하지 않은 혹은 정신병리의 한 분야에 제한된 조건들을 고려하고 나서, 시간 제한적 조건들을 고려해야 한다. 그런 다음, 조현병 스펙트럼 장애의 진단은 정신병을 일으킬 수 있는 또 다른 상태의 배제가 요구된다.

조현형 성격장애schizotypal personality disorder는 "성격장애" 장에 상세히 기술되어 있지만, 조현병 스펙트럼으로 고려된다는 점에서 이 장에서 다루고 있다. 조현형 성격장애 진단에는 친밀한 관계 형성능력 저하, 인지 또는 지각 왜곡, 그리고 행동의 기이함을 비롯해서 전반적인 사회적 · 대인관계적 결함 패턴이 포함되어 있다. 이 장애는 보통 성인기 초기에 시작되지만, 경우에 따라서는 아동 · 청소년기에 처음으로 뚜렷해지기도 한다. 신념, 사고, 지각의 비정상성은 정신병적 장애 진단의 역치에 못 미친다.

정신병psychosis의 한 개 범주에 한정된 비정상성으로 정의되는 2가지 상태가 있는데, 망상과 긴장증이 그것이다. 망상장애의 특징은 최소 1개월 이상의 망상이 있으나, 다른 정신병적 증상은 없다는 것이다. 긴장증은 이 장의 후반부에서 좀 더 자세히 기술되고 논의된다.

단기 정신병적 장애brief psychotic disorder에서는 증상이 1일 이상 지속되고 1개월 이내에 관해된다. 조현양상장애는 그 기간(6개월 이하)과 기능저하의 요건이 없음을 제외하면 증세 발현 징후가 조현병과 동등한 것이 특징이다.

조현병schizophrenia은 최소 6개월 동안 지속되고 최소 1개월의 활성기 증상을 포함한다. 조현정동장애schizophyeniform disorder에서는 기분 삽화와 조현병의 활성기 증상이 동시에 일어나고, 최소 2주의 뚜렷한 기분 증상이 없는 망상 혹은 환각의 기간이 선행하거나 뒤따른다.

정신병적 장애는 또 다른 상태에 의해 유발되기도 한다. 물질/약물치료로 유발된 정신병적 장애에서 정신병적 증상들은 남용약물, 약물치료 또는 독소 노출의 생리적 결과이며, 원인 물질을 제거한 후에 중단되는 것으로 판단된다. 다른 의학적 상태로 인한 정신병적 장애에서 정신병적 증상들은 다른 의학적 상태의 직접적인 생리적 결과인 것으로 판단된다.

긴장증catatonia은 신경발달장애, 정신병적 장애, 양극성장애, 우울장애 및 기타 정신질환 등 몇몇 장애에서 일어날 수 있다. 이 장은 다른 정신질환(긴장증 명시자)과 연관된 긴장증 진단과 다른 의학적 상태로 인한 긴장성장애와 명시되지 않는 긴장증도 포함하며, 이 3가지 상태 모두의 진단기준이 함께 기술된다.

달리 명시된 및 명시되지 않는 조현병 스펙트럼 및 기타 정신병적 장애는 특정 정신병적 장애들 중 어느 하나의 기준에 맞지 않는 정신병적 발현 징후들의 분류를 위해 혹은 부적절하거나 모순된 정보가 있는 정신병적 증상학을 위해 마련되어 있다.

# 정신병에서 증상 및 관련 임상 현상에 대한 임상가 평정 평가

정신병적 장애들은 이질적이다. 그리고 증상의 심각도를 통해 인지적 또는 신경생물학적 결함 정도와 같은 질병의 중요한 측면에 대한 예측이 가능하다. 이 분야의 발전을 위해 심각도 평가를 위한 상세한 틀이 DSM-5 제III편의 "평가도구Assessment Measures"에 포함되어 있다. 이를 통해 치료계획 수립, 예후 판정, 그리고 병태생리기전 연구에 도움이 될 것이다. 제III편의 "평가도구"에는 또한 환각, 망상, 와해된 언어(물질/약물치료로 유발된 정신병적 장애와 다른 의학적 상태로 인한 정신병적 장애의 경우는 제외), 비정상적 정신운동 행동, 음성 증상 등과 같은 정신병의 일차 증상에 대한 차원적 평가뿐 아니라, 우울증 및 조증에 대한 차원적 평가가 포함되어 있다. 정신병에서 기분 증상의 심각도는 예후적 가치가 있고 치료의 길잡이가 된다. 조현정동장애Schizoaffective disorder는 확연한 질병분류학적 범주가 아니라는 증거가 늘고 있다. 그래서 모든 정신병적 장애를 위한 우울증 및 조증의 차원적 평가는 임상가들에게 기분의 병리와 적절한 치료의 필요성에 대한 경각심을 불러일으키고 있다. 제III편의 척도에는 또한 인지 손상에 대한 차원적 평가가 포함된다. 정신병적 장애가 있는 사람들 중 다수는 다양한 인지 영역이 손상되어 있다. 이는 기능 상태의 가늠자가 된다. 임상 신경심리 평가는 진단과 치료의 길잡이로 도움이 될 수 있다. 그러나 공식적인 신경심리 평가 없이 간단한 평가만으로도 진단 목적에 충분할 수 있는 유용한 정보를 제공할 수 있다. 공식적 신경심리검사를 실행할 경우, 검사도구 사용을 위해 훈련을 받은 검사자가 시행 · 채점해야 한다. 공식적인 신경심리 평가가 없는 경우, 임상가는 가장 이용 가능한 정보를 활용해야 한다. 이러한 평가도구들의 임상적 유용성을 결정하기 위해서는 더 많은 연구가 필요하다. 그러므로 제III편의 이용 가능한 평가들은 이러한 연구들을 자극하는 원형prototype 역할을 해야 한다.

# 조현형(성격)장애

조현형(성격)장애[schizotypal (personality) disorder]의 진단기준과 본문은 "성격장애" 장에서 찾아볼 수 있다. 이 장애는 조현병 스펙트럼의 일부로 간주되고 ICD-9과 ICD-10의 이 부분에 조현형장애로 명명되어 있다는 점에서 이 장에 수록되어 있고, DSM-5의 "성격장애" 장에서 상세히 논의되고 있다.

# 망상장애

Delusional Disorder

## 진단기준 297.1 (F22)

A. 1개월 이상의 지속기간을 가진 한 가지(혹은 그 이상의) 망상이 존재한다.

B. 조현병의 진단기준 A에 맞지 않는다.

**주의점:** 환각이 있다면 뚜렷하지 않고, 망상 주제와 연관된다(예, 벌레가 우글거린다는 망상과 연관된 벌레가 꼬이는 감각).

C. 망상의 영향이나 파생결과를 제외하면 기능이 현저하게 손상되지 않고 행동이 명백하게 기이하거나 이상하지 않다.

D. 조증이나 주요우울 삽화가 일어나는 경우, 이들은 망상기의 지속기간에 비해 상대적으로 짧다.

E. 장해가 물질의 생리적 영향이나 다른 의학적 상태로 인한 것이 아니고, 신체이형장애나 강박장애와 같은 다른 정신질환으로 더 잘 설명되지 않는다.

**다음 중 하나를 명시할 것:**

**색정형:** 이 아형은 망상의 중심 주제가 또 다른 사람이 자신을 사랑하고 있다는 것일 경우 적용된다.

**과대형:** 이 아형은 망상의 중심 주제가 어떤 굉장한(그러나 확인되지 않은) 재능이나 통찰력을 갖고 있다거나 어떤 중요한 발견을 하였다는 확신일 경우 적용된다.

**질투형:** 이 아형은 망상의 중심 주제가 자신의 배우자나 연인이 외도를 하고 있다는 것일 경우 적용된다.

**피해형:** 이 아형은 망상의 중심 주제가 자신이 음모, 속임수, 염탐, 추적, 독극물이나 약물 주입, 악의적 비방, 희롱, 장기목표 추구에 대한 방해 등을 당하고 있다는 믿음을 수반한 경

우 적용된다.

**신체형:** 이 아형은 망상의 중심 주제가 신체적 기능이나 감각을 수반한 경우 적용된다.

**혼합형:** 이 아형은 어느 한 가지 망상적 주제도 두드러지지 않은 경우 적용된다.

**명시되지 않는 유형:** 이 아형은 지배적 망상적 믿음이 분명히 결정될 수 없는 경우 혹은 특정 유형에 기술 되지 않은 경우(예, 뚜렷한 피해 혹은 과대 요소가 없는 관계망상) 적용된다.

**다음의 경우 명시할 것:**

**괴이한 내용 동반:** 망상이 분명히 타당해 보이지 않고, 이해 불가하며, 보통의 일상 경험에서 유래되지 않으면 기이한 것으로 간주된다(예, 낯선 이가 자신의 장기는 꺼내 가고, 대신 누군가의 장기를 상처나 흉터를 남기지 않은 채 집어넣었다는 믿음).

**다음의 경우 명시할 것:** 다음의 경과 명시자들은 장애 지속기간이 1년이 지난 후에만 사용한다.

**첫 삽화, 현재 급성삽화 상태:** 정의된 진단적 증상과 시간 기준에 합당한 장애의 첫 발현. 급성삽화란 증상 기준이 충족되는 시간적 기간을 일컫는다.

**첫 삽화, 현재 부분관해 상태:** 부분관해란 앞 삽화 이후 호전이 유지되고 정의된 장애 기준이 부분적으로만 충족되는 시간적 기간을 일컫는다.

**첫 삽화, 현재 완전관해 상태:** 완전관해란 앞 삽화 이후 더 이상 장애 특이적 증상이 존재하지 않는 시간적 기간을 일컫는다.

**다중 삽화, 현재 급성삽화 상태**

**다중 삽화, 현재 부분관해 상태**

**다중 삽화, 현재 완전관해 상태**

**지속적인 상태:** 장애의 진단적 증상 기준을 충족하는 증상들이 질병 경과의 대부분에서 그대로 남아 있고, 역치 아래의 증상 기간은 전체 경과에 비해 매우 짧다.

**명시되지 않는 경우**

**현재의 심각도를 명시할 것:**

심각도는 망상, 환각, 와해된 언어, 비정상적 정신운동 행동, 음성 증상 같은 정신병의 일차 증상에 대한 양적 평가를 통해 등급화된다. 이러한 증상 각각은 현재 심각도(지난 7일 중 가장 심한)에 대하여 0(증상 없음)부터 4(고도의 증상이 있음)까지의 5점 척도를 이용해 등급화될 수 있다(“평가도구” 장의 정신병 증상 심각도에 대한 임상가 평정 차원을 참조할 것).

**주의점:** 망상장애의 진단은 이러한 심각도 명시자의 사용 없이 내려질 수 있다.

## 아형

색정형erotomanic type에서 망상의 중심 주제는 다른 사람이 자신을 사랑하고 있다는 것이다. 이런 확신의 대상은 대개 높은 지위에 있으나(예, 유명인 또는 직장 상사),

완전히 낯선 사람일 수도 있다. 망상의 대상과 접촉하려는 노력이 흔하다. 과대형 grandiose type에서 망상의 중심 주제는 어떤 굉장한 재능이나 통찰력을 갖고 있다는 확신 혹은 어떤 중요한 발견을 했다는 확신이다. 덜 흔하지만, 대단한 사람과 특별한 관계에 있다거나 자신이 대단한 사람이라는 망상을 갖기도 한다(이 경우, 해당인은 사기꾼으로 간주되기도 한다). 과대망상이 종교적 내용을 갖는 경우도 있다. 질투형 jealous type에서 망상의 중심 주제는 배우자의 부정에 대한 것이다. 이러한 믿음은 그럴 만한 이유 없이 도달되고, 단편적인 "증거"(예, 흐트러진 옷매무새)로 지지되는 부정확한 추론에 기초한다. 이런 망상이 있는 사람은 대개 배우자나 연인에 맞서 상상의 부정에 개입하려고 한다. 피해형 persecutory type에서 망상의 중심 주제는 자신이 음모, 속임수, 염탐, 미행, 독극물이나 약물 주입, 악의적 비방, 희롱, 장기목표 추구에 대한 방해 등을 당하고 있다는 믿음과 관련된다. 사소한 모욕이 부풀려져서 망상체계의 초점이 되기도 한다. 망상이 있는 사람은 소송이나 입법 조치로 만족을 얻기 위한 반복적 시도에 몰두하기도 한다. 피해망상이 있는 사람들은 흔히 분개해하고 화가 나 있으며, 자신들에게 해가 되고 있다고 믿는 대상에 대해 폭력을 행사하기도 한다. 신체형 somatic type에서 망상의 중심 주제는 신체 기능이나 감각과 관련된다. 신체망상은 몇 가지 형태로 나타날 수 있다. 가장 흔한 망상은 ① 자신이 악취를 풍기고 있다는 믿음, ② 피부 위 또는 속에 벌레가 우글거리고 있다는 믿음, ③ 내장에 기생충이 있다는 믿음, ④ 신체 어느 부분이 기형이라거나 흉하게 생겼다는 믿음, 그리고 ⑤ 신체 부분들이 기능을 하지 않고 있다는 믿음이다.

## 진단적 특징

망상장애의 필수적인 특징은 최소한 1개월 동안 지속된 한 가지 또는 그 이상의 망상이 나타나는 것이다(진단기준 A). 조현병의 진단기준 A에 맞는 증상 발현 징후가 있었던 적이 있다면, 망상장애의 진단은 주어지지 않는다(진단기준 B). 망상의 직접적 영향을 제외하면, 심리사회적 기능의 손상은 조현병 같은 다른 정신병적 장애들에서 보이는 것보다 더 제한적이고, 행동은 명백히 괴이하거나 이상하지 않다(진단기준 C). 기분 삽화가 망상과 동시에 일어나는 경우, 이 기분 삽화의 전체 지속기간은 망상기의 전체 지속기간에 비해 상대적으로 짧다(진단기준 D). 망상은 물질(예, 코카인)이나 다른 의학적 상태(예, 알츠하이머병) 때문이 아니며, 신체이형 장애나 강박장애 같은 다른 정신질환으로 더 잘 설명되지 않는다(진단기준 E).

진단기준에 적시된 5가지 증상 영역 외에, 여러 조현병 스펙트럼 및 기타 정신병적 장애를 확실히 구별하기 위해서는 인지, 우울, 그리고 조증 증상 영역의 평가가 필수적이다.

## 진단을 뒷받침하는 부수적 특징

망상장애의 망상적 믿음의 결과로 사회적 문제, 부부문제, 혹은 직장문제가 발생할 수 있다. 망상장애가 있는 사람들은 타인들이 자신의 믿음을 비합리적이라고 묘사할 수는 있지만, 이를 스스로 받아들이지는 못한다(즉, "사실 기반의 병식"은 있기도 하나, 진정한 병식은 없음). 많은 사람들에게서 과민 혹은 불쾌 기분을 발생하는데, 이는 대개 망상적 믿음에 대한 반응으로 이해될 수 있다. 분노와 폭력적 행동이 피해형, 질투형, 색정형에서 일어날 수 있다. 망상장애가 있는 사람은 소송을 일삼거나 적대적인 행동에 빠지기도 한다(예, 정부에 수백 통의 항의 편지를 보냄). 법률적으로 곤란한 일이 일어날 수 있는데, 이는 특히 질투형과 색정형에서 그렇다.

## 유병률

망상장애의 평생 유병률은 약 0.2%로 추산되며, 가장 흔한 아형은 피해형이다. 질투형 망상장애는 여성보다 남성에게서 더 흔하다. 그러나 망상장애의 전체 빈도에서는 뚜렷한 성차가 없다.

## 발달과 경과

평균적으로, 전반적 기능은 조현병에서 관찰되는 것보다 보통 더 낫다. 진단은 보통 안정적이지만, 망상장애가 있는 사람들 중 일부가 진행되어 조현병이 생긴다. 망상장애는 조현병과 조현형 성격장애 둘 다와 상당히 밀접한 관계가 있다. 이 장애는 젊은 층에서도 일어날 수 있지만, 나이 든 사람들에게서 유병률이 더 높다.

## 문화와 관련된 진단적 쟁점

망상장애의 존재 가능성 평가에서는 개인의 문화적 · 종교적 배경이 고려되어야 한다. 망상의 내용 역시 문화적 맥락에 따라 다양하다.

## 망상장애의 기능적 결과

기능 손상은 대개 다른 정신병적 장애들에서 보이는 것보다 더 제한적이다. 그러나 경우에 따라서는 손상 정도가 심하고, 직업적 기능저하와 사회적 고립이 초래되기도 한다. 심리사회적 기능 수준이 낮은 경우, 흔히 망상적 믿음 자체가 상당한 역할을 한다. 망상장애가 있는 사람들의 공통적인 특징은 자신들의 망상적 믿음을 논의하거나 행동화하지 않을 때에는 행동과 외양이 겉보기에 정상이라는 점이다.

## 감별진단

**강박 및 관련 장애.** 강박장애가 있는 사람이 자신의 강박장애에 따른 믿음을 사실이라고 전적으로 확신하는 경우, 망상장애보다는 강박장애, 병식 없음/망상적 믿음 명시자 동반으로 진단되어야 한다. 이와 유사하게, 신체이형장애가 있는 사람이 자신의 신체이형장애에 따른 믿음을 사실이라고 전적으로 확신하는 경우, 망상장애보다는 신체이형장애, 병식 없음/망상적 믿음 명시자 동반으로 진단되어야 한다.

**섬망, 주요신경인지장애, 다른 의학적 상태로 인한 정신병적 장애 및 물질/약물치료로 유발된 정신병적 장애.** 이러한 장애가 있는 사람들은 망상장애를 시사하는 증상들을 나타내기도 한다. 예를 들어, 주요신경인지장애의 맥락에서의 단순한 피해망상은 주요신경인지장애, 행동장애 동반으로 진단된다. 물질/약물치료로 유발된 정신병적 장애는 증상학적 측면에서 단면적으로 보면 망상장애와 동일하지만, 망상적 믿음의 시작 및 관해와 물질 사용 간의 발생 순서적 관계에 의해 구별될 수 있다.

**조현병과 조현양상장애.** 망상장애는 조현병 활성기의 다른 특징적 증상들이 없다는 점에서 조현병 및 조현양상장애와 구별될 수 있다.

**우울장애, 양극성장애, 조현정동장애.** 이 장애들은 기분장해와 망상 간의 시간적 관계 및 기분 증상의 심각도에 의해 망상장애와 구별된다. 망상들이 기분 삽화 동안 배타적으로 일어날 경우, 진단은 정신병적 양상을 동반한 우울장애 또는 양극성장애다. 기분 삽화의 기준에 완전히 맞는 기분 증상들은 망상장애와 중첩될 수 있다. 모든 기분 삽화의 전체 지속기간이 망상장애의 전체 지속기간에 비해 상대적으로 짧게 유지되는 경우에만 망상장애로 진단될 수 있다. 그렇지 않은 경우, 적절한 진단은 달리 명시된 우울장애, 명시되지 않는 우울장애, 달리 명시된 양극성 및 관련 장애, 혹은 명시되지 않는 양극성 및 관련 장애를 동반한 달리 명시된 또는 명시되지 않는 조현병 스펙트럼 및 기타 정신병적 장애다.

## 단기 정신병적 장애
Brief Psychotic Disorder

**진단기준** **298.8 (F23)**

A. 다음 증상 중 하나(혹은 그 이상)가 존재하고, 이들 중 최소한 하나는 (1), (2), 혹은 (3)이어야 한다.

1. 망상
2. 환각
3. 와해된 언어(예, 빈번한 탈선 혹은 지리멸렬)

4. 극도로 와해된 또는 긴장성 행동
5. **주의점**: 문화적으로 인정되는 반응이면 증상에 포함하지 말 것

B. 장해 삽화의 지속기간이 최소 1일 이상 1개월 이내이며, 결국 병전 수준의 기능으로 완전히 복귀한다.

C. 장해가 정신병적 양상을 동반한 주요우울장애나 양극성장애, 혹은 조현병이나 긴장증 같은 다른 정신병적 장애로 더 잘 설명되지 않으며, 물질(예, 남용약물, 약물치료)의 생리적 영향이나 다른 의학적 상태로 인한 것이 아니다.

**다음의 경우 명시할 것**:

**현저한 스트레스 요인을 동반하는 경우**(단기 반응성 정신병): 개인의 문화권에서 비슷한 상황이 되면 대개 어떤 사람에게든 현저하게 스트레스를 주는 단일 사건 혹은 중복 사건에 반응하여 증상이 일어나는 경우

**현저한 스트레스 요인을 동반하지 않는 경우**: 개인의 문화권에서 비슷한 상황이 되면 대개 어떤 사람에게든 현저하게 스트레스를 주는 단일 사건 혹은 중복 사건에 반응하여 증상이 일어난 경우가 아닐 때

**산후 발병**: 임신기간 혹은 산후 4주 내에 발병한 경우

**다음의 경우 명시할 것**:

**긴장증 동반**(정의는 67~68쪽의 다른 정신질환과 연관된 긴장증의 진단기준을 참조할 것)

**부호화 시 주의점**: 동반한 긴장증의 존재를 지정하기 위해서는 단기 정신병적 장애와 연관된 긴장증을 위한 추가적 부호 293.89 (F06.1)을 사용한다.

**현재의 심각도를 명시할 것**:

심각도는 망상, 환각, 와해된 언어, 비정상적 정신운동 행동, 음성 증상 등과 같은 정신병의 일차 증상에 대한 양적 평가를 통해 등급화된다. 이러한 증상 각각은 현재 심각도(지난 7일 중 가장 심한)에 대하여 0(증상 없음)부터 4(고도의 증상이 있음)까지의 5점 척도를 이용해 등급화될 수 있다("평가도구" 장의 정신병 증상 심각도에 대한 임상가 평정 차원을 참조할 것).

**주의점**: 단기 정신병적 장애의 진단은 이러한 심각도 명시자의 사용 없이 내려질 수 있다.

## 진단적 특징

단기 정신병적 장애의 필수적인 특징은 다음의 양성 정신병적 증상, 즉 망상, 환각, 와해된 언어(예, 빈번한 탈선 혹은 지리멸렬), 혹은 긴장증 같은 극도의 비정상적

정신운동 행동들 중 적어도 하나의 갑작스러운 발병이 포함된 장해다(진단기준 A). 갑작스러운 발병sudden onset이란 비정신병적 상태에서 확실히 정신병적인 상태로의 변화가 별 전조 증상 없이 2주 이내에 나타난 경우로 정의된다. 장해disturbance 삽화는 최소 1일, 최대 1개월 지속되며, 결국 병전 기능 수준으로 완전히 회복된다(진단기준 B). 장해가 정신병적 양상을 동반한 우울장애 또는 양극성장애, 조현정동장애, 조현병 등으로 더 잘 설명되지 않으며, 물질(예, 환각제)이나 다른 의학적 상태(예, 경막하혈종subdural hematoma) 때문이 아니다(진단기준 C).

진단기준에 적시된 5가지 증상 영역 외에, 여러 조현병 스펙트럼 및 기타 정신병적 장애를 확실히 구별하기 위해서는 인지, 우울, 그리고 조증 증상 영역의 평가가 필수적이다.

## 진단을 뒷받침하는 부수적 특징

단기 정신병적 장애가 있는 사람들은 전형적으로 정서적 시련이나 불가항력적 혼돈을 겪는다. 이들은 하나의 강렬한 정동에서 다른 강렬한 정동으로 빠른 전환을 갖기도 한다. 비록 장애가 짧기는 하지만, 손상 수준은 심각할 수 있다. 영양 및 위생에 필요한 것들이 충족되고, 또한 판단력 저하, 인지 손상, 망상을 기초로 한 행위 등의 파생결과로부터 보호받을 수 있도록 감독이 필요할 수도 있다. 자살행동의 위험성이 특히 급성삽화 동안에 증가하는 것 같다.

## 유병률

미국에서 단기 정신병적 장애는 첫 발병 정신병 사례의 9%를 차지한다. 진단기준 A와 C를 충족하나 진단기준 B는 충족하지 않는 정신병적 장애(예, 활성 증상들의 지속기간이 1개월 내 관해에 도달하지 않고 1~6개월)가 선진국보다는 개발도상국에서 더 흔하다. 단기 정신병적 장애는 남성보다 여성이 2배 더 흔하다.

## 발달과 경과

단기 정신병적 장애는 청소년기 혹은 성인기 초기에 나타나기도 하지만, 평균 발병 연령이 30대 중반으로 생애 전반에 걸쳐서 생길 수 있다. 정의상, 단기 정신병적 장애의 진단은 모든 증상의 완전관해와 장애 발생 1개월 내에 병전 기능수준으로의 완전한 회귀가 요구된다. 개인에 따라서는 정신병적 증상의 지속기간이 매우 짧을 수도 있다(예, 며칠).

## 위험 및 예후 요인

**기질적.** 기존의 성격장애와 성격 특질(예, 조현형 성격장애, 경계성 성격장애, 혹은 지각 조절곤란 같은 정신병적 경향성 영역의 특질과 의심성 같은 부정적 정동성negative affectivity 영역의 특질)은 이 장애의 발생에 취약하게 할 수 있다.

## 문화와 관련된 진단적 쟁점

단기 정신병적 장애의 증상은 문화적으로 인정되는 반응양식과 구별하는 것이 중요하다. 예를 들면, 어떤 종교의식에서는 한 참석자가 음성을 들었다고 보고하기도 하나, 이러한 음성들은 일반적으로 지속되지 않고 그 참석자 공동체의 구성원 대부분에 의해 비정상적이라고 지각되지 않는다. 덧붙여서, 특정 믿음이 망상적 인지의 여부를 고려할 때는 문화적 · 종교적 배경이 참작되어야 한다.

## 단기 정신병적 장애의 기능적 결과

높은 재발률에도 불구하고 대부분의 사람은 사회적 기능과 증상학적 측면을 고려할 때 성과가 뛰어나다.

## 감별진단

**기타 의학적 상태.** 다양한 의학적 장애들이 짧은 지속기간의 정신병적 증상을 동반해서 나타날 수 있다. 다른 의학적 상태나 섬망으로 인한 정신병적 장애는 병력, 신체검진, 검사 소견 등에 망상 또는 환각이 특정 의학적 상태(예, 쿠싱증후군 cushing's syndrome, 뇌종양)의 직접적인 생리적 파생결과라는 증거가 있을 때 진단된다(이 장 뒷부분의 "다른 의학적 상태로 인한 정신병적 장애" 참조).

**물질관련장애.** 물질/약물치료로 유발된 정신병적 장애, 물질로 유발된 섬망, 물질중독 등은 물질(예, 남용약물, 약물치료, 독소 노출)이 병인학적으로 정신병적 증상과 관련이 있다고 여겨지는 사실에 의해 단기 정신병적 장애와 구별된다(이 장 뒷부분의 "물질/약물치료로 유발된 정신병적 장애" 참조). 물질 사용과 증상 시작 사이의 시간적 관계 및 사용된 물질의 본성에 대해 주의를 기울이면서 물질 사용에 대해 세심한 병력을 청취함과 더불어, 소변 약물 선별 혹은 혈중 알코올 농도 같은 검사실 검사가 이러한 결정을 내리는 데 도움이 될 수 있다.

**우울 및 양극성 장애.** 정신병적 증상이 기분 삽화에 의해 더 잘 설명되는 경우(예, 정신병적 증상이 완전 주요우울, 조증 혹은 혼합형 삽화 동안에 배타적으로 생김)에는 단기 정신병적 장애의 진단이 내려질 수 없다.

**기타 정신병적 장애.** 정신병적 증상이 1개월 이상 지속되는 경우, 다른 증상의 발현 상태에 따라 진단은 조현양상장애, 망상장애, 정신병적 양상을 동반한 우울장애, 정신병적 양상을 동반한 양극성장애, 혹은 달리 명시된 또는 명시되지 않는 조현병 스펙트럼 및 기타 정신병적 장애 중 하나가 된다. 정신병적 증상이 약물치료로 성공적으로 치료되어 1개월 이내에 관해될 때에는 단기 정신병적 장애와 조현양상장애 사이의 감별진단이 어렵다. 재발성 장애(예, 양극성장애, 조현병의 재발성 급성 악화)가 어떤 재발하는 정신병적 삽화의 원인일 가능성에 대해 사려 깊은 주의가 요구된다.

**꾀병과 인위성장애.** 심리적 징후 및 증상이 두드러진 인위성장애 삽화가 단기 정신병적 장애처럼 나타나기도 한다. 그러나 이런 경우, 증상이 의도적으로 유발되었다는 증거가 있다. 꾀병이 외견상 정신병적 증상을 포함하는 경우, 대개 병이 이해 가능한 목표를 위해 꾸며졌다는 증거가 있다.

**성격장애.** 성격장애가 있는 사람들의 일부에게 있어서 심리사회적 스트레스 요인들이 단기간의 정신병적 증상을 촉발시키기도 한다. 이러한 증상은 대개 일시적이며, 별도의 진단을 요구하지 않는다. 정신병적 증상이 최소 1일 이상 지속되는 경우, 단기 정신병적 장애 진단을 추가하는 것이 적절하다.

# 조현양상장애
## Schizophreniform Disorder

**진단기준** **295.40 (F20.81)**

A. 다음 증상 중 2가지(혹은 그 이상)가 1개월의 기간(성공적으로 치료가 되면 그 이하) 동안의 상당 부분의 시간에 존재하고, 이들 중 최소한 하나는 (1), (2), 혹은 (3)이어야 한다.

1. 망상
2. 환각
3. 와해된 언어(예, 빈번한 탈선 혹은 지리멸렬)
4. 극도로 와해된 또는 긴장성 행동
5. 음성 증상(예, 감소된 감정표현 혹은 무의욕증)

B. 장애의 삽화가 1개월 이상, 6개월 이내로 지속된다. 진단이 회복까지 기다릴 수 없이 내려져야 할 경우에는 "잠정적provisional"을 붙여 조건부 진단이 되어야 한다.

C. 조현정동장애와 정신병적 양상을 동반한 우울 또는 양극성 장애는 배제된다. 왜냐하면 ① 주요우울 또는 조증 삽화가 활성기 증상과 동시에 일어나지 않기 때문이거나, ② 기분 삽화가 활성기 증상 동안 일어난다고 해도 병의 활성기 및 잔류기 전체 지속기간의 일부에만 존재하기 때문이다.

D. 장해가 물질(예, 남용약물, 약물치료)의 생리적 영향이나 다른 의학적 상태로 인한 것이 아니다.

다음의 경우 명시할 것:

**양호한 예후 특징을 동반하는 경우:** 이 명시자는 다음의 4가지 특징 중 최소한 2가지가 있어야 한다. 그 특징은 통상적 행동이나 기능에서 처음 눈에 띄는 변화가 생긴 지 4주 이내에 뚜렷한 정신병적 증상의 발병, 혼돈 혹은 당혹감, 양호한 병전 사회 및 직업 기능, 둔마 혹은 평탄 정동의 부재 등이다.

양호한 예후 특징을 동반하지 않는 경우: 이 명시자는 위의 특징 중 둘 이상이 존재하지 않는 경우에 적용된다.

다음의 경우 명시할 것:

긴장증 동반(정의는 67~68쪽의 다른 정신질환과 연관된 긴장증의 진단기준을 참조할 것)

부호화 시 주의점: 동반한 긴장증의 존재를 지정하기 위해서는 조현양상장애와 연관된 긴장증을 위한 추가적 부호 293.89 (F06.1)를 사용한다.

현재의 심각도를 명시할 것:

심각도는 망상, 환각, 와해된 언어, 비정상적 정신운동 행동, 음성 증상 같은 정신병의 일차 증상에 대한 양적 평가를 통해 등급화된다. 이러한 증상 각각은 현재 심각도(지난 7일 중 가장 심한)에 대하여 0(증상 없음)부터 4(고도의 증상이 있음)까지의 5점 척도를 이용해 등급화될 수 있다("평가도구" 장의 정신병 증상 심각도에 대한 임상가 평정 차원을 참조할 것)

주의점: 조현양상장애의 진단은 이러한 심각도 명시자의 사용 없이 내려질 수 있다.

**주의점**: 진단을 뒷받침하는 부수적 특징, 발달과 경과(연령 관련 요소), 문화와 관련된 진단적 쟁점, 성별과 관련된 진단적 쟁점, 감별진단, 동반이환 등에 대한 추가적 정보를 위해서는 조현병의 해당 부분을 참조할 것.

## 진단적 특징

조현양상장애의 특징적인 증상은 조현병과 동일하다(진단기준 A). 조현양상장애는 지속기간의 차이에 따라 구별된다. 전구기, 활성기, 잔류기를 포함해서 병의 전체 지속기간은 최소 1개월, 최대 6개월이다(진단기준 B). 조현양상장애의 지속기간 요구조건은 1일 이상 지속되고 1개월 내에 관해되는 단기 정신병적 장애와 최소 6개월 지속되는 조현병 사이의 중간이다. 조현양상장애의 진단은 2가지 조건하에 내려진다. 즉, ① 병의 삽화가 1개월과 6개월 사이로 지속되다가 이미 회복되었을 때, ② 조현병 진단에 요구되는 6개월의 지속기간이 되지 않은 채 증상이 있으면서 아직 회복되지 않았을 때다. 이 경우, 6개월의 기간 내에 장해에서 회복될지 불확실하기 때문에 진단은 "조현양상장애(잠정)Schizphreniform disorder (provisional)"이라고 기록되어야 한다. 만약 장애가 6개월을 넘어서 지속되면, 진단은 조현병으로 변경해야 한다.

조현양상장애의 다른 구별되는 특징은 사회적·직업적 기능의 손상을 요구하는 기준이 없다는 것이다. 잠재적으로 그런 손상이 있을 수도 있지만, 조현양상장애의 진단에 필수는 아니다.

진단기준에 적시된 5가지 증상 영역 외에, 여러 조현병 스펙트럼 및 기타 정신병적 장애를 확실히 구별하기 위해서는 인지, 우울, 그리고 조증 증상 영역의 평가가 필수적이다.

## 진단을 뒷받침하는 부수적 특징

조현병과 마찬가지로, 조현양상장애를 위한 검사실 검사나 심리검사는 현재 없다. 뇌영상, 신경병리·신경생리 연구에서 비정상을 나타내는 뇌 영역이 많기는 하지만, 아무것도 진단적이지 않다.

## 유병률

어느 사회문화적 배경에서든 조현양상장애의 발생률은 조현병에서 관찰되는 발생률과 비슷한 것으로 보인다. 미국을 비롯한 다른 선진국에서의 발생률은 낮아서, 대략 조현병 발생률의 1/5 정도다. 개발도상국에서의 발생률은 더 높으며, 특히 명시자 중 "양호한 예후 특징을 동반하는 경우"에서 그렇다. 이러한 배경 일부에서 조현양상장애는 조현병처럼 흔한 경우도 있다.

## 발달과 경과

조현양상장애의 발생은 조현병과 비슷하다. 조현양상장애(잠정)로 처음 진단을 받은 사람들의 1/3 정도는 6개월 내에 회복되어 조현양상장애가 최종 진단이 된다. 나머지 2/3의 대부분은 결국 조현병 또는 조현정동장애로 진단될 것이다.

## 위험 및 예후 요인

**유전적 · 생리적.** 조현양상장애가 있는 사람들의 친척들은 조현병 발생 위험성이 높다.

## 조현양상장애의 기능적 결과

결국 조현병 또는 조현정동장애로 진단을 받는 조현양상장애가 있는 사람들 대부분의 경우, 기능적 결과는 그 장애들의 결과와 비슷하다. 이들 대부분은 학교나 직장, 대인관계, 자기관리 등 몇몇 일상적 기능 영역에서 기능부전을 겪는다. 조현양상장애에서 회복된 개인은 더 양호한 기능적 결과를 나타낸다.

## 감별진단

**기타 정신질환 및 의학적 상태.** 매우 다양한 정신적 · 의학적 상태가 조현양상장애의 감별진단에서 고려되어야 하는 정신병적 증상들과 함께 나타날 수 있다. 이러한 정신적 · 의학적 상태로는 다른 의학적 상태 또는 그 치료로 인한 정신병적 장애, 섬망 혹은 주요신경인지장애, 물질/약물치료로 유발된 정신병적 장애 혹은 섬망, 정신병적 양상을 동반한 우울 또는 양극성 장애, 조현정동장애, 달리 명시된 혹은 명시되지 않는 양극성 및 관련 장애, 긴장성 양상을 동반한 우울 또는 양극성 장애, 조현병, 단기 정신병적 장애, 망상장애, 달리 명시된 혹은 명시되지 않는 조현병 스펙트럼 및 기타 정신병적 장애, 조현형 · 조현성 · 편집성 성격장애, 자폐스펙트럼장애, 아동기에 와해된 언어를 나타내는 장애, 주의력결핍 과잉행동장애, 강박장애, 외상후 스트레스장애, 외상성 뇌손상 등이 있다.

조현양상장애와 조현병의 진단기준은 일차적으로 병의 지속기간에서 다르기 때문에, 조현병의 감별진단에 대한 고찰은 조현양상장애에도 적용된다.

**단기 정신병적 장애.** 조현양상장애는 지속기간이 단기 정신병적 장애와 달라서, 1개월 이하의 지속기간이 요구된다.

# 조현병

Schizophrenia

**진단기준** **295.90 (F20.9)**

A. 다음 증상 중 2가지(혹은 그 이상)가 1개월(성공적으로 치료가 되면 그 이하) 기간의 상당 부분의 시간에 존재하고, 이들 중 최소한 한 가지는 (1), (2), 혹은 (3)이어야 한다.

1. 망상
2. 환각
3. 와해된 언어(예, 빈번한 탈선 혹은 지리멸렬)
4. 극도로 와해된 또는 긴장성 행동
5. 음성 증상(예, 감소된 감정표현 혹은 무의욕증)

B. 장해의 발병 이래 상당 부분의 시간 동안 일, 대인관계 혹은 자기관리 같은 주요 영역의 한 가지 이상에서 기능 수준이 발병 전 성취된 수준 이하로 현저하게 저하된다(혹은 아동기 또는 청소년기에 발병하는 경우, 기대 수준의 대인관계적·학문적·직업적 기능을 성취하지 못함).

C. 장해의 지속적 징후가 최소 6개월 동안 계속된다. 이러한 6개월의 기간은 진단기준 A에 해당하는 증상(즉, 활성기 증상)이 있는 최소 1개월(성공적으로 치료되면 그 이하)을 포함해야 하고, 전구기 증상이나 잔류기 증상의 기간을 포함할 수 있다. 이러한 전구기나 잔류기 동안 장애의 징후는 단지 음성 증상으로 나타나거나, 진단기준 A에 열거된 증상의 2가지 이상이 약화된 형태(예, 이상한 믿음, 흔치 않은 지각 경험)로 나타날 수 있다.

D. 조현정동장애와 정신병적 양상을 동반한 우울 또는 양극성 장애는 배제된다. 왜냐하면 ① 주요우울 또는 조증 삽화가 활성기 증상과 동시에 일어나지 않기 때문이거나, ② 기분 삽화가 활성기 증상 동안 일어난다고 해도 병의 활성기 및 잔류기 전체 지속기간의 일부에만 존재하기 때문이다.

E. 장해가 물질(예, 남용약물, 약물치료)의 생리적 영향이나 다른 의학적 상태로 인한 것이 아니다.

F. 자폐스펙트럼장애나 아동기 발병 의사소통장애의 병력이 있는 경우, 조현병의 추가 진단은 조현병의 다른 필요 증상에 더하여 뚜렷한 망상이나 환각이 최소 1개월(성공적으로 치료되면 그 이하) 동안 있을 때에만 내려진다.

**다음의 경우 명시할 것:**

다음의 경과 명시자들은 장애 지속기간이 1년이 지난 후에, 그리고 진단적 경과 기준에 반대되지 않을 경우에만 사용되는 것이다.

**첫 삽화, 현재 급성삽화 상태:** 정의된 진단적 증상과 시간 기준에 합당한 장애의 첫 발현.

급성삽화란 증상 기준이 충족되는 시간적 기간을 일컫는다.

**첫 삽화, 현재 부분관해 상태:** 부분관해란 앞 삽화 이후 호전이 유지되고 정의된 장애 기준이 부분적으로 만 충족되는 시간적 기간을 일컫는다.

**첫 삽화, 현재 완전관해 상태:** 완전관해란 앞 삽화 이후 더 이상 장애 특이적 증상이 존재하지 않는 시간 적 기간을 일컫는다.

**다중 삽화, 현재 급성삽화 상태:** 다중 삽화는 최소 2회의 삽화(즉, 첫 삽화 이후 관해와 최소 1회의 재발) 이후에 결정될 수 있다.

**다중 삽화, 현재 부분관해 상태**

**다중 삽화, 현재 완전관해 상태**

**지속적인 상태:** 장애의 진단적 증상 기준을 충족하는 증상들이 질병 경과의 대부분에서 그대로 남아 있고, 역치 아래의 증상기간은 전체 경과에 비해 매우 짧다.

**명시되지 않는 경우**

다음의 경우 명시할 것:

**긴장증 동반**(정의는 67~68쪽의 다른 정신질환과 연관된 긴장증의 진단기준을 참조할 것)

**부호화 시 주의점:** 동반한 긴장증의 존재를 지정하기 위해서는 조현병과 연관된 긴장증을 위한 추가 부호 293.89 (F06.1)을 사용한다.

현재의 심각도를 명시할 것:

심각도는 망상, 환각, 와해된 언어, 비정상적 정신운동 행동, 음성 증상 같은 정신병의 일차 증상에 대한 양적 평가를 통해 등급화된다. 이러한 증상 각각은 현재 심각도(지난 7일 중 가장 심한)에 대하여 0(증상 없음)부터 4(고도의 증상이 있음)까지의 5점 척도를 이용해 등급화될 수 있다("평가도구" 장의 정신병 증상 심각도에 대한 임상가 평정 차원을 참조할 것).

**주의점:** 조현병 진단은 이러한 심각도 명시자의 사용 없이 내려질 수 있다.

## 진단적 특징

조현병의 특징적인 증상은 다양한 인지적 · 행동적 · 정서적 기능부전을 포함하나, 장애 특유의[pathognomonic] 단일 증상은 없다. 진단에는 직업적 · 사회적 기능 손상과 연관된 일련의 징후와 증상 인식이 포함된다. 조현병은 이질적인 임상 증후군이므로, 이 장애가 있는 사람들은 대부분의 특징 면에서 각기 상당히 다르다.

최소한 2개의 진단기준 A 증상이 1개월 이상 기간의 상당 부분에 걸쳐 나타나야 한다. 이 증상들 중 최소한 한 가지는 망상(진단기준 A1), 환각(진단기준 A2), 혹은 와해된 언어(진단기준 A3)가 뚜렷이 존재해야 한다. 극도로 와해된 또는 긴장성 행동(진단기준 A4)과 음성 증상(진단기준 A5)이 있는 경우도 있다. 활성기 증상이 치료에 반응해서 1개월 내에 관해된 상황에서도 치료가 이루어지지 않은 상황에서 증상이 지속되었을 것이라고 임상가가 추정하는 경우에는 진단기준 A가 여전히 유효하다.

조현병은 한 가지 이상의 주요 기능 영역에 있어서의 손상을 수반한다(진단기준 B). 장해가 아동기 혹은 청소년기에 시작되는 경우, 기대 수준의 기능은 달성되지 않는다. 이때 해당인을 장애가 생기지 않은 형제나 자매와 비교하는 것이 도움이 된다. 기능부전은 장애의 경과 동안 상당 기간에 걸쳐 지속되며, 어떤 단일 특징의 직접적 결과인 것 같지는 않다. 무의욕증(예, 목표 지향적 행동을 찾으려는 욕동의 감퇴, 진단기준 A5)은 진단기준 B에 기술된 사회적 기능부전과 연결된다. 조현병이 있는 사람의 인지 손상(이 장애의 "진단을 뒷받침하는 부수적 특징" 부분을 참조할 것)과 기능 손상 사이의 관계에 대한 강한 증거도 있다.

장해의 일부 징후는 적어도 6개월의 지속적인 기간에 지속되어야 한다(진단기준 C). 전구기 증상들이 흔히 활성기에 선행하고, 잔류기 증상들이 활성기를 뒤잇기도 한다. 이러한 전구기 증상이나 잔류기 증상은 경미한 혹은 역치 아래 형태의 환각이나 망상이 특징이다. 이 시기의 개인은 망상이라고까지는 할 수 없는 여러 가지 특이한 혹은 이상한 믿음(예, 관계사고 혹은 마술적 사고)을 표현하기도 한다. 이들은 유별난 지각 경험(예, 보이지 않는 사람의 존재를 감지함)을 갖기도 한다. 이들의 언어는 일반적으로 이해할 수는 있으나 모호하다. 이들의 행동은 유별나기는 하나, 극도로 와해된 정도는 아니다(예, 공공장소에서 중얼거림). 음성 증상이 전구기 및 잔류기에 흔하며 심할 수도 있다. 사회적으로 활동적이었던 사람들은 이전의 일상으로부터 위축되기도 한다. 이런 행동들이 흔히 장애의 첫 징후다.

기분 증상과 완전한 기분 삽화가 조현병에서 흔하며, 활성기 증상과 공존하기도 한다. 그러나 정신병적 기분장애와 구별되도록, 조현병 진단에는 기분 삽화가 없는 상태에서 망상 또는 환각의 발현이 필수적으로 요구된다. 게다가 기분 삽화는 모두 합해도 병의 활성기 및 잔류기의 전체 지속기간 중 단기간에만 있어야 한다.

진단기준에 적시된 5가지 증상 영역 외에, 여러 조현병 스펙트럼 및 기타 정신병적 장애를 확실히 구별하기 위해서는 인지, 우울, 그리고 조증 증상 영역의 평가가 필수적이다.

## 진단을 뒷받침하는 부수적 특징

조현병이 있는 사람들은 부적절한 정동(예, 적절한 자극 없이 웃음을 터트림), 우울, 불안, 혹은 분노 형태를 취할 수 있는 불쾌 기분, 와해된 수면 패턴(예, 낮에 자고 밤에 활동함), 식사에 대한 흥미 결여 혹은 음식 거절 등을 나타내기도 한다. 이인증depersonalization, 비현실감derealization, 신체적 걱정이 나타나기도 하며, 때로 망상 수준에 도달하기도 한다. 불안과 공포증이 흔하다. 조현병에서 인지적 결손이 흔하며, 직업적 · 기능적 손상과 강하게 연결된다. 이 결손에는 선언적 기억, 작동기억, 언어기능, 기타 집행기능 등의 감소와 더불어 느려진 처리 속도가 포함된다. 감각 처리 및 억제력 이상과 더불어 주의력 감퇴도 발견된다. 조현병이 있는 일부 개인들은 타인의 의도를 유추하는 능력(마음 추론)의 결핍을 포함한 사회적 인지 결손을 보이며, 상관없는 사건이나 자극에 대해 의미가 있는 것처럼 주의를 기울이고 해석해서 설명적 망상을 생산해 내기도 한다. 이러한 손상들은 증상 관해기에도 빈번히 지속된다.

정신병이 있는 사람들의 일부는 병식이 없거나 자신의 장애를 알지 못하기도 한다(즉, 질병인식불능증anosognosia). 조현병 증상을 알지 못하는 것도 이러한 "병식insight" 결여에 포함되고, 병의 전체 경과에 걸쳐서 지속되기도 한다. 병을 알지 못함은 전형적으로 대처 전략이라기보다는 조현병의 증상 그 자체다. 이는 뇌손상에 뒤이어 신경학적 결손을 인식하지 못함, 즉 질병인식불능증과 비견된다. 이 증상은 치료 비협조의 가장 흔한 예측 요인이며, 높은 재발률, 강제적 치료 횟수의 증가, 불량한 심리사회적 기능, 공격성, 불량한 질병 경과 등의 예측 요인이기도 하다.

비록 자발적 혹은 무작위적 폭력이 흔하지는 않지만, 적대감과 공격성이 조현병과 연관될 수 있다. 공격성은 젊은 남성, 그리고 폭력 과거력, 치료 불순종, 물질중독, 충동성 등이 있는 사람에서 더 빈번하다. 그러나 주목해야 할 것은 조현병이 있는 사람들 대부분은 공격적이지 않으며, 일반인보다 오히려 더 빈번하게 폭력의 희생자가 되고 있다는 사실이다.

현재 이 장애를 위한 방사선 검사, 검사실 검사, 심리검사 등은 없다. 뇌영상, 신경병리, 신경심리 등의 연구로부터의 증거에서 보듯이, 여러 뇌 영역에서 건강한 사람 집단과 조현병이 있는 사람 집단 사이에 차이가 분명하다. 전전두피질과 측두피질을 포함한 여러 영역에서의 세포 구축, 백질 연결성, 회백질 용적 등에서도 차이는 분명하다. 연령에 따른 뇌 용적 감소의 증가뿐 아니라 뇌 전체 용적의 감소가 관찰되어 왔다. 연령에 따른 뇌 용적의 감소는 건강한 개인보다 조현병이 있는 사람들에서 더 확연하다. 끝으로, 조현병이 있는 사람들은 시선 추적 및 전기생리 지수들에서 조현병이 없는 사람들과 다르다.

조현병이 있는 사람들에게서 흔히 나타나는 연성 신경학적 징후로는 운동 협응, 감각 통합, 복합적 움직임의 운동 순서 등의 손상, 좌우 혼돈, 연관된 움직임의 탈억제 등이 있다. 게다가, 얼굴과 사지에 경미한 신체기형이 생기기도 한다.

## 유병률

조현병의 평생 유병률은 인종/종족, 국가 및 문화, 이민자 및 이민자 자손의 출신지에 따라 차이가 있음이 보고되지만, 대략 0.3~0.7% 정도로 보인다. 남녀 성비는 표본과 모집단에 따라 다르다. 예를 들면, (보다 불량한 치료 성과와 연관된) 음성 증상과 더욱 긴 장애 지속기간을 강조하면 남성에게서 높은 발생률이 나타나는 데 반해, (보다 양호한 치료 성과와 연관된) 더 많은 기분 증상과 짧은 발현 징후의 포함을 감안해서 정의하면, 성별에 따른 위험성은 같다.

## 발달과 경과

조현병의 정신병적 양상은 전형적으로 10대 후반에서 30대 중반 사이에 출현한다. 청소년기 이전의 발병은 드물다. 첫 정신병적 삽화 발병의 정점 연령은 남성의 경우 20대 초 · 중반, 여성의 경우 20대 후반이다. 발병은 급작스러울 수 있고, 잠행성insidious일 수도 있으나, 대다수의 경우, 임상적으로 의미 있는 다양한 징후와 증상이 천천히, 점진적으로 발생한다. 이들의 절반은 우울 증상을 호소한다. 어린 발병연령은 전통적으로 불량한 예후의 예측 요인으로 간주되어 왔다. 그러나 발병연령의 효과는 성별과 관련되는데, 더 나쁜 병전 적응력, 더 낮은 교육 성취도, 더 많은 뚜렷한 음성 증상과 인지 손상, 그리고 일반적으로 더 나쁜 치료 성과가 남성에게서 더 잦다. 인지 손상이 흔하다. 인지 변화가 발생 중에 나타나고, 정신병의 출현에 선행하며, 성인기 동안에 안정된 인지 손상의 형태를 갖춘다. 인지 손상은 다른 증상들이 관해되었을 때에도 지속되어 병의 후유증에 기여한다.

경과와 치료 성과의 예측 요인들은 대체로 설명되지 않으며, 경과와 치료 성과는 믿을 만하게 예측되지 않을 수도 있다. 경과는 조현병이 있는 사람들의 약 20%에서 양호한 것처럼 보이며, 일부 사람의 경우에는 완전 회복이 보고된다. 그러나 조현병이 있는 사람들 대부분은 여전히 공식적 혹은 비공식적으로 일상생활에서의 지원을 필요로 한다. 많은 사람이 활성 증상의 악화와 관해를 반복하면서 만성 질환 상태를 유지하는 반면, 일부는 점진적 황폐화의 경과를 밟는다.

정신병적 증상은 나이가 들면서 감소하는 경향이 있다. 이는 도파민 활성의 정상적 연령 관련 감소와 연관이 있는 것으로 추측된다. 음성 증상은 양성 증상보다 더 밀접하게 예후와 관련되며, 가장 지속적인 경향이 있다. 더 나아가, 병과 연관된 인지결손은 병이 충분히 경과해도 나아지지 않을 수 있다.

조현병의 필수적인 특징은 아동기에도 동일하지만 진단을 내리기는 더 어렵다. 아동기에는 망상과 환각이 성인기보다 덜 정교한 듯하고, 환시가 더 흔하며, 정상적인 환상놀이와 구별되어야 한다. 와해된 언어는 아동기 발병의 많은 장애(예, 자폐스펙트럼장애)에서 일어나며, 와해된 행동도 마찬가지다(예, 주의력결핍 과잉행동장애). 이런 증상들은 아동기의 더 흔한 장애들에 대한 당연한 고려 없이 조현병 탓으로만 돌려서는 안 된다. 아동기 발병 사례에서는 점진적 발병과 뚜렷한 음성 증상들이 있어서, 치료 성과가 좋지 않은 성인들의 사례와 유사한 경향이 있다. 추후에 조현병 진단을 받는 아이들은 비특이적인 정서행동장애와 정신병리, 지성적/언어적 변화, 미세한 운동지연 등을 경험했을 가능성이 더 많다.

만발성 사례(예, 40세 이후의 발병)들은 결혼한 여성들에서 과도하게 나타난다. 경과는 보통 정동과 사회 기능은 보존된 채, 정신병적 증상이 두드러지는 특징이 있다. 이런 만발성 사례들은 여전히 조현병 진단기준을 충족시킬 수 있으나, 이것이 중년 이전(예, 55세 이전)에 진단된 조현병과 동일한 상태인지의 여부는 아직 확실하지 않다.

## 위험 및 예후 요인

**환경적.** 출생 계절은 조현병의 발생률과 연결되어 있다. 지역에 따라서 늦겨울/초봄, 그리고 조현병 결핍형의 경우에는 여름이 그 예다. 조현병과 관련된 장애들의 발생률은 도시 환경에 사는 성장기 아이들과 일부 소수민족 집단에서 더 높다.

**유전적 · 생리적.** 조현병 진단을 받은 사람들 대부분은 정신병 가족력이 없지만, 조현병의 위험도 결정에 있어서는 유전적 요소가 강하게 작용한다. 전체 모집단 변이에 아주 일부만을 기여하는 각각의 대립형질유전자alleles를 가진, 흔한 및 드문 위험 대립형질 유전자 스펙트럼에 의해 책임이 부여된다. 지금까지 확인된 위험 대립형질유전자들은 양극성장애, 우울증, 자폐스펙트럼장애 등을 포함한 다른 정신질환들과도 연관된다. 저산소증을 동반한 임산과 출산 후유증 및 고령의 부모 연령은 발달 중인 태아의 조현병 고위험성과 연관이 있다. 게다가, 스트레스, 감염, 영양실조, 모친의 당뇨 및 기타 의학적 상태를 포함한 다른 출생 전 및 출생 후의 역경들이 조현병과 연결되어 왔다. 그러나 이런 위험요인들이 있는 자손의 절대 다수에게 조현병이 생기지 않는다.

## 문화와 관련된 진단적 쟁점

특히, 해당인과 임상가가 같은 문화적 · 사회경제적 배경을 공유하고 있지 않는 경우, 문화적 · 사회경제적 요인이 고려되어야 한다. 특정 문화권에서 망상이라고 보는 관념(예, 주술)이 다른 문화권에서는 일반적인 것으로 용인되기도 한다. 어떤 문화에서는 종교적 내용을 가진 환시나 환청(예, 신의 음성을 들음)이 종교적 경험의 정상적인 부분이다. 게다가, 문화 간 서술 방식의 언어적 변이 때문에 와해된 언어를 평가하는 것이 어려울 수 있다. 정동 평가를 위해서는 문화 간에 서로 다른 정서표현과 시선 접촉, 그리고 몸짓 언어의 방식 차이에 대한 민감성이 요구된다. 해당인의 일차 언어와 다른 언어로 평가가 이루어지는 경우, 무언증이 언어 장벽과 관련된 것이 아님이 확실하도록 주의가 필요하다. 특정 문화권에서는 고통이 진성 정신병과 임상적으로 비슷한 발현이지만, 환자의 소속 집단에서는 정상적인 환각 내지는 가성 환각과 과대평가식 관념의 형태를 취할 수 있다.

## 성별과 관련된 진단적 쟁점

조현병의 임상적 표현에 있어서 여성과 남성의 특징은 많이 다르다. 조현병의 일반적인 발생률은 여성이 약간 낮은데, 특히 치료된 사례에서 그렇다. 앞서 기술한 바와 같이, 중년기에 두 번째 정점이 있을 정도로 여성의 발병연령이 더 늦다(이 장애의 "발달과 경과" 참조). 여성은 증상에 정동이 더 실리는 경향이 있고, 정신병적 증상이 더 많으며, 만년에 악화되는 정신병적 증상의 성향이 더 크다. 다른 증상의 차이로는 여성의 경우, 덜 빈번한 음성 증상과 와해가 있다. 끝으로, 사회적 기능은 여성이 더 잘 보존된 경향이 있다. 그러나 이러한 일반적인 사항에는 예외가 많다.

## 자살 위험

조현병이 있는 사람들의 약 5~6%가 자살로 사망하고, 약 20%가 1회 이상 자살을 시도하며, 더 많은 사람이 심각한 자살사고를 한다. 자살행동은 때로 자해 또는 타해에 관한 지시적 환각에 반응하여 일어난다. 자살 위험성은 동반된 물질 사용을 하는 젊은 남성에게서 특히 높을 수 있지만, 남녀 모두 생애 전반에 걸쳐 높게 유지된다. 다른 위험요인으로는 우울 증상 또는 절망감과 무직 상태 등이 있다. 위험성은 또한 정신병 삽화 혹은 퇴원 이후의 기간에 더 높다.

## 조현병의 기능적 결과

조현병은 상당한 사회적 · 직업적 기능부전과 연관된다. 인지기술이 목전의 과제에 충분하다고 해도, 교육적 진전과 고용 유지가 무의욕증 또는 기타 장애 발현 징후들에 의해 빈번히 손상된다. 대부분의 사람은 고용이 되어도 부모보다 더 낮은 수준이며, 대부분, 특히 남성은 결혼을 하지 못하거나 가족 이외의 사회적 접촉이 제한적이다.

## 감별진단

**정신병적 양상 또는 긴장성 양상을 동반한 주요우울장애 또는 양극성장애.** 조현병과 정신병적 양상 혹은 긴장증을 동반한 주요우울장애 또는 양극성장애 사이의 구별은 기분장애와 정신병 사이의 시간적 관계 및 우울 또는 조증 증상의 심각도에 달려 있다. 망상과 환각이 주요우울 삽화 또는 조증 삽화 동안에 배타적으로 일어나는 경우, 진단은 정신병적 양상을 동반한 우울장애 또는 양극성장애다.

**조현정동장애.** 조현정동장애로 진단하기 위해서는 주요우울 삽화 또는 조증 삽화가 활성기 증상들과 동시에 일어나야 하고, 활성기 전체 지속기간의 대부분 기분 증상이 있어야 한다.

**조현양상장애와 단기 정신병적 장애.** 이 장애들은 진단기준 C에 명시된 바와 같이, 6개월의 증상 지속을 요구하는 조현병보다 지속기간이 더 짧다. 조현양상장애에서는 장애가 6개월 미만 동안 나타나야 하고, 단기 정신병적 장애에서는 증상이 적어도 1일, 1개월 동안 나타나야 한다.

**망상장애.** 망상장애는 조현병의 특징인 다른 증상들(예, 망상, 뚜렷한 환청이나 환시, 와해된 언어, 극도로 와해된 또는 긴장성 행동, 음성 증상)이 없다는 점에서 조현병과 구분된다.

**조현형 성격장애.** 조현형 성격장애는 지속적인 성격적 양상과 연관된 역치에 못 미치는 증상들이 있다는 점에서 조현병과 구별된다.

**강박장애 및 신체이형장애.** 강박장애와 신체이형장애가 있는 사람은 병식이 불량하거나 없고, 집착이 망상 수준에 도달하기도 한다. 그러나 이 장애들은 뚜렷한 강박사고, 강박행동, 외모나 체취에 집착, 수집, 신체에 집중된 반복적 행동이 있다는 점에서 조현병과 구별된다.

**외상후 스트레스장애.** 외상후 스트레스장애는 환각 성질의 플래시백flashback을 포함하기도 하고, 과각성이 편집증적 수준에 도달하기도 한다. 그러나 진단을 내리려면 외상적 사건이 있어야 하고, 사건 재경험 혹은 사건에 대한 반응과 관련된 특징적 증상 특징들이 있어야 한다.

**자폐스펙트럼장애 또는 의사소통장애.** 이 장애들도 정신병적 삽화를 닮은 증상을 보일 수 있으나, 반복적·제한적 행동을 동반한 각각의 사회적 상호작용 결핍과 다른 인지 및 소통 결핍에 의해 구별된다. 자폐스펙트럼장애 혹은 의사소통장애가 있는 사람이 동반이환 상태의 조현병으로 진단되려면, 최소 1개월 동안의 뚜렷한 환각이나 망상을 포함해서 조현병의 전체 진단기준을 충족시키는 증상이 있어야 한다.

**정신병적 삽화와 연관된 기타 정신질환.** 조현병 진단은 정신병적 삽화가 지속되면서 물질 또는 다른 의학적 상태의 생리적 영향으로 인한 것이 아닐 때 내려진다. 섬망, 주요신경인지장애, 경도신경인지장애가 있는 사람은 정신병적 증상을 나타내기도 한다. 그러나 이러한 정신병적 증상들은 이러한 장애들과 일치하는 인지 변화 발병과의 일시적인 관계로 인한 것이다. 물질/약물치료로 유발된 정신병적 장애가 있는 사람은 조현병 진단기준 A의 특징적인 증상들을 나타내기도 한다. 그러나 물질/약물치료로 유발된 정신병적 장애는 대개 발병과 물질 사용의 시간적 관계와 물질 사용이 없을 때 정신병의 관해에 의해 구별될 수 있다.

## 동반이환

조현병에서 물질관련장애의 동반이환율은 높다. 조현병이 있는 사람들의 절반 이상은 담배사용장애도 있어서 상습적으로 흡연을 한다. 조현병과 불안장애의 동반이환이 점차 인식되고 있다. 일반 인구와 비교할 때, 조현병이 있는 사람들은 강박장애와 공황장애의 비율이 높다. 조현형 혹은 편집성 성격장애는 때로 조현병 발병에 선행하기도 한다.

관련된 의학적 상태 때문에 조현병이 있는 사람들은 평균수명이 감소한다. 체중 증가, 당뇨, 대사증후군, 심혈관계 및 호흡기 장애가 일반 인구보다 조현병에서 더 흔하다. 건강유지 행동(예, 암 선별, 운동)을 잘 하지 않아서 만성 질환의 위험성이 높기도 하지만, 약물치료 복용, 생활방식, 흡연, 식습관을 포함한 기타 장애요인들이 역할을 하기도 한다. 정신병과 신체장애의 공동 취약성이 조현병의 신체적 동반이환의 일부를 설명하기도 한다.

# 조현정동장애

Schizoaffective Disorder

### 진단기준

A. 조현병의 연속기간에 조현병의 진단기준 A와 동시에 주요 기분(주요우울 또는 조증) 삽화가 있음.

**주의점:** 주요우울 삽화는 진단기준 A1: 우울 기분을 포함해야 한다.

B. 평생의 유병기간에 주요 기분(주요우울 또는 조증) 삽화 없이 존재하는 2주 이상의 망상 또는 환각이 있다.

C. 주요 기분 삽화의 기준에 맞는 증상이 병의 활성기 및 잔류기 부분의 전체 지속기간의 대부

분 동안 존재한다.

D. 장해가 물질(예, 남용약물, 약물치료)의 영향이나 다른 의학적 상태로 인한 것이 아니다.

다음 중 하나를 명시할 것:

**295.70 (F25.0) 양극형:** 이 아형은 조증 삽화가 발현 부분일 경우에 적용되고, 주요우울 삽화도 일어날 수 있다.

**295.70 (F25.1) 우울형:** 이 아형은 단지 주요우울 삽화만이 발현 부분일 경우 적용된다.

다음의 경우 명시할 것:

**긴장증 동반**(정의는 67~68쪽의 다른 정신질환과 연관된 긴장증의 진단기준을 참조할 것)

**부호화 시 주의점:** 동반한 긴장증의 존재를 지정하기 위해서는 조현정동장애와 연관된 긴장증을 위한 추가적 부호 293.89 (F06.1)을 사용한다.

다음의 경우 명시할 것:

다음의 경과 명시자들은 장애의 지속기간이 1년이 지난 후, 그리고 진단적 경과 기준에 반대되지 않을 경우에 한해서 사용된다.

**첫 삽화, 현재 급성삽화 상태:** 정의된 진단적 증상과 시간 기준에 합당한 장애의 첫 발현. 급성삽화란 증상 기준이 충족되는 시간적 기간을 일컫는다.

**첫 삽화, 현재 부분관해 상태:** 부분관해란 앞 삽화 이후 호전이 유지되고, 정의된 장애 기준이 부분적으로만 충족되는 시간적 기간을 일컫는다.

**첫 삽화, 현재 완전관해 상태:** 완전관해란 앞 삽화 이후 더 이상 장애 특이적 증상이 존재하지 않는 시간적 기간을 일컫는다.

**다중 삽화, 현재 급성삽화 상태:** 다중 삽화는 최소 2회의 삽화(예, 첫 삽화 이후 관해와 최소 1회의 재발) 이후에 결정될 수 있다.

**다중 삽화, 현재 부분관해 상태**

**다중 삽화, 현재 완전관해 상태**

**지속적인 상태:** 장애의 진단적 증상 기준을 충족하는 증상들이 질병 경과의 대부분에서 그대로 남아 있고, 역치 아래의 증상기간은 전체 경과에 비해 매우 짧다.

**명시되지 않는 경우**

현재의 심각도를 명시할 것:

심각도는 망상, 환각, 와해된 언어, 비정상적 정신운동 행동, 음성 증상 같은 정신병의 일차 증상에 대한 양적 평가를 통해 등급화된다. 이러한 증상 각각은 현재 심각도(지난 7일 중 가장 심한)에 대하여 0(증상 없음)부터 4(고도의 증상이 있음)까지의 5점 척도를 이용해 등급화될 수 있다("평가도구" 장의 정신병 증상 심각도에 대한 임상가 평정 차원을 참조할 것).

**주의점:** 조현정동장애의 진단은 이러한 심각도 명시자의 사용 없이 내려질 수 있다.

**주의점**: 발달과 경과(연령 관련 요인), 위험 및 예후 요인(환경적 위험요인), 문화와 관련된 진단적 쟁점, 성별과 관련된 진단적 쟁점 등에 대한 추가적 정보를 위해서는 조현병, 제I형 및 제II형 양극성장애, 주요우울장애의 해당 부분을 각 장에서 참조할 것.

## 진단적 특징

조현정동장애의 진단은 개인이 정신병의 활성기 혹은 잔류기 증상을 계속적으로 나타내는 연속 유병기간에 대한 평가에 기초한다. 필수적이지는 않으나, 진단은 대개 정신병의 기간에 내려진다. 이 기간에 특정 시점에서 조현병의 진단기준 A가 만족되어야 한다. 조현병의 진단기준 B(사회적 기능부전)와 F(자폐스펙트럼장애 혹은 아동기 발병 기타 의사소통장애)가 만족되지 않아도 된다. 조현병의 진단기준 A의 충족과 더불어, 주요 기분 삽화(주요우울 또는 조증)가 있다(조현정동장애의 진단기준 A). 조현병의 경우, 흥미 혹은 쾌감 상실이 흔하다. 그러므로 조현정동장애의 진단기준 A를 만족하려면, 주요우울 삽화에는 전반적 우울 기분(예, 현저한 흥미 혹은 쾌감 감소만으로는 불충분함)이 포함되어야 한다. 우울 또는 조증 삽화가 전체 유병기간(예, 진단기준 A가 충족된 후)의 대부분 동안 나타나야 한다(조현정동장애의 진단기준 C). 조현정동장애를 정신병적 양상을 동반한 우울 또는 양극성장애와 구별하기 위해서는 평생의 유병기간의 특정 시점에 망상 혹은 환각이 주요 기분 삽화(우울 또는 조증) 없이 최소 2주간 나타나야 한다(조현정동장애의 진단기준 B). 증상이 물질의 효과나 다른 의학적 상태로 인한 것이 아니어야 한다(조현정동장애의 진단기준 D).

조현정동장애의 진단기준 C에는 주요 기분 삽화의 기준을 만족하는 기분 증상들이 병의 활성기 및 잔류기 부분의 전체 지속기간의 대부분 동안 있어야 함이 명시되어 있다. 진단기준 C에서는 정신병의 전체 경과 동안의 기분 증상 평가를 요구한다는 점에서, 현재 유병기간에 대한 평가만을 요구했던 DSM-IV의 기준과는 다르다. 기분 증상들이 상대적으로 짧은 기간에만 나타나는 경우, 조현정동장애가 아닌 조현병으로 진단되어야 한다. 개인의 발현 징후가 진단기준 C의 충족 여부를 결정할 때, 임상가는 정신병(즉, 활성 증상 및 잔류기 증상 둘 다)의 전체 지속기간을 살펴봐야 하고, 뚜렷한 기분 증상(치료되지 않은 혹은 항우울제나 기분안정제로 치료가 필요한)이 정신병적 증상과 동반된 시기를 결정해야 한다. 이 결정을 위해서는 충분한 병력 정보와 임상적 판단이 요구된다. 예를 들어, 조현병의 활성 증상 및 잔류기 증상이 4년간 지속된 병력이 있는 사람의 경우, 우울 삽화와 조증 삽화가 다 합쳐서 정신병의 4년 병력 중 1년 이상을 차지하지 못한다고 한다면, 이러한 발현 징후는 진단기준 C를 충족하지 못한다.

진단기준에 적시된 5가지 증상 영역 외에, 다양한 조현병 스펙트럼 및 기타 정신병적 장애를 명확하게 구분하려면 인지, 우울, 그리고 조증 증상 영역의 평가가 필수적이다.

## 진단을 뒷받침하는 부수적 특징

직업적 기능이 빈번히 손상되나, 이것이 (조현병에서와는 달리) 정의에 들어가는 기준은 아니다. 사회적 접촉 제한 및 자기관리의 어려움이 조현정동장애와 연관이 있지만, 음성 증상은 조현병에서 보이는 것보다 덜 심하고 덜 지속적인 편이다. 질병인식불능증(즉, 병식 불량) 또한 조현정동장애에서 흔하나, 병식 결여는 조현병에서보다 덜 심하고 덜 전반적인 편이다. 조현정동장애가 있는 사람은 훗날 조현병의 진단기준 A를 만족하는 증상들이 관해된 이후 기분 증상들이 계속됨으로써, 주요우울장애나 양극성장애의 삽화로 발전할 위험성이 높은 편이다. 연관된 알코올 및 기타 물질관련장애도 있는 편이다.

조현정동장애로 진단하는 데 도움이 되는 검사나 생물학적 측정은 없다. 구조적 또는 기능적 뇌이상, 인지결손, 또는 유전적 위험 요인 같은 연관성이 있는 특징에 있어서, 조현정동장애가 조현병과 다른지는 확실하지 않다.

## 유병률

조현정동장애의 유병률은 조현병의 약 1/3 정도로 보인다. 조현정동장애의 평생 유병률은 0.3%로 추산된다. 조현정동장애의 발생률은 남성보다 여성이 더 높다. 이는 주로 여성에게서 우울형의 발생률이 증가했기 때문이다.

## 발달과 경과

조현정동장애의 발병은 청소년기부터 만년에 이르기까지 어느 시기에든 일어날 수 있지만, 전형적인 연령은 성인기 초기다. 다른 정신병적 질환으로 진단된 사람의 상당수가 훗날 기분 삽화의 양상이 더 분명해질 때 조현정동장애 진단을 받게 된다. 현재 진단기준 C에 따른 진단은 기분 증상이 덜 뚜렷해지면, 조현정동장애에서 다른 장애로 전환될 것이다. 조현정동장애의 예후는 조현병의 예후보다 약간 더 양호하나, 기분장애의 예후보다는 좋지 않다.

조현정동장애는 다양한 시간 패턴으로 발병할 수 있다. 다음은 전형적인 패턴이다. 뚜렷한 주요우울 삽화 발병 전 2개월간 확연한 환청과 피해망상이 생긴다. 이로부터 3개월간 정신병적 증상과 완전한 주요우울 삽화가 있다. 이후 개인은 주요우울 삽화에서 완전히 회복되지만, 정신병적 증상이 1개월간 더 지속되다가 사라진다. 이러한 유병기간의 증상들은 주요우울 삽화의 기준과 조현병의 진단기준 A를 동시에 충족하고, 같은 유병기간에 환청과 망상이 우울기 이전과 이후에 있다. 총 유병기간은 약 6개월이며, 처음 2개월은 정신병적 증상만, 다음 3개월은 우울 및 정신병적 증상 모두, 마지막 1개월은 정신병적 증상만 있다. 이 예에서 우울 삽화의 지속기간은 정신병적 장애의 총 지속기간에 비해 짧지 않으므로, 발현 징후를 고려한다면 조현정동장애 진단이 적합하다.

평생 동안 정신병적 증상의 표현은 가변적이다. 우울 또는 조증 증상이 정신병 발병 전, 급성 정신병적 삽화 동안, 잔류기 동안, 그리고 정신병 종결 후에 나타날 수 있다. 예를 들어, 한 개인이 조현병의 전구기 동안 뚜렷한 기분 증상을 나타냈다고 하자. 이런 패턴이 반드시 조현정동장애를 가리키는 것은 아니다. 왜냐하면 진단에 중요한 것은 정신병적 증상과 기분 증상의 동시 발생이기 때문이다. 조현정동장애의 기준을 분명히 충족시키는 증상이 있지만 추적 진료에서 단지 (역치 아래의 정신병과 뚜렷한 음성 증상 같은) 정신병적 잔류기 증상만을 나타내는 경우, 기분 증상에 비해 정신병적 질환의 전체적 비율이 훨씬 더 뚜렷해지므로 진단이 조현병으로 바뀌기도 한다. 조현정동장애, 양극형은 초기 성인에서 더 흔한 반면, 조현정동장애, 우울형은 더 나이 든 성인들에게서 더 흔한 편이다.

## 위험 및 예후 요인

**유전적 · 생리적.** 조현병이 있는 사람들은 일차 친족에서 조현정동장애의 위험성이 증가되는 편이다. 조현정동장애의 위험성은 조현병이나 양극성장애 혹은 조현정동장애가 있는 일차 친족을 가진 사람들에서 증가되는 편이다.

## 문화와 관련된 진단적 쟁점

특히 해당인과 임상가가 같은 문화적 · 사회경제적 배경이 다른 경우, 문화 및 사회경제적 요인들이 고려되어야 한다. 특정 문화에서 망상이라고 보는 관념들(예, 주술)이 다른 문화에서는 일반적인 것으로 용인되기도 한다. 아프리카계 미국인과 히스패닉 인구에서 조현정동장애에 비해 조현병이 과다 진단된다는 문헌상의 증거도 있다. 그러므로 정신병적 증상과 정동 증상 모두를 포함해서 문화적으로 적절한 평가를 위해 주의를 기울여야 한다.

## 자살 위험

조현병과 조현정동장애의 평생 자살 위험성은 5%이며, 우울 증상의 발현은 높은 자살 위험과 상관관계가 있다. 조현병이나 조현정동장애가 있는 사람의 자살률이 유럽, 동유럽, 남아메리카, 그리고 인도에 비해 북아메리카에서 높다는 증거가 있다.

## 조현정동장애의 기능적 결과

조현정동장애는 사회적·직업적 기능부전과 연관되나, 이 기능부전이 진단기준은 아니며(조현병에서는 진단기준임), 조현정동장애로 진단된 사람들 사이에는 상당한 변동성이 있다.

## 감별진단

**기타 정신질환 및 의학적 상태.** 매우 다양한 정신의학적·의학적 상태가 조현정동장애의 감별진단에 고려되어야 하는 정신병적 증상과 기분 증상과 동반이환된다. 이 범주에는 다른 의학적 상태로 인한 정신병적 장애, 섬망, 주요신경인지장애, 물질/약물치료로 유발된 정신병적 장애 혹은 신경인지장애, 정신병적 양상을 동반한 양극성장애, 정신병적 양상을 동반한 주요우울장애, 긴장성 양상을 동반한 우울 또는 양극성 장애, 조현형/조현성/편집성 성격장애, 단기 정신병적 장애, 조현양상장애, 조현병, 망상장애, 달리 명시된 또는 명시되지 않는 조현병 스펙트럼 및 기타 정신병적 장애 등이 포함된다. 의학적 상태와 물질 사용은 정신병적 증상, 기분 증상과 결합해서 나타날 수 있다. 그러므로 다른 의학적 상태로 인한 정신병적 장애는 배제될 필요가 있다. 조현정동장애와 조현병 구분, 그리고 정신병적 양상을 동반한 우울장애와 양극성장애와 구별하는 것은 어려운 경우가 많다. 진단기준 C는 조현정동장애를 조현병과 구별하기 위함이고, 진단기준 B는 조현정동장애를 정신병적 양상을 동반한 우울장애나 양극성장애와 구별하기 위한 것이다. 좀 더 구체적으로 말하면, 주요 기분 삽화 없이 최소 2주간 지속되는 뚜렷한 망상과 환각의 발현을 기초로, 조현정동장애는 정신병적 양상을 동반한 우울장애나 양극성장애와 구별될 수 있다. 이와는 대조적으로, 정신병적 양상을 동반한 우울장애나 양극성장애에서 정신병적 양상은 일차적으로 기분 삽화 동안 발생한다. 정신병적 증상에 대한 기분 증상의 상대적 부분이 시간에 따라 변할 수 있으므로, 적절한 진단은 조현정동장애에서 이들 장애로, 혹은 이들 장애에서 조현정동장애로 바뀌기도 한다(예를 들어, 만성 정신병적 질환의 첫 6개월 중 3개월을 지속하는 심하고 뚜렷한 주요우울 삽화가 있어서 조현정동장애로 진단했다고 하더라도, 활성기 정신병적 증상 혹은 뚜렷한 잔류기 증상이 또 다른 기분 삽화의 재발 없이 수년간 지속된다면 진단은 조현병으로 바뀌어야 함).

**다른 의학적 상태로 인한 정신병적 장애.** 다른 의학적 상태와 물질 사용이 정신병적 증상과 기분 증상이 복합되면서 나타날 수 있다. 그러므로 다른 의학적 상태로 인한 정신병적 장애는 배제될 필요가 있다.

**조현병, 양극성장애, 우울장애.** 조현정동장애를 조현병과 구별하고 정신병적 양상을 동반한 우울장애와 양극성장애를 구별하는 것은 어려울 때가 많다. 진단기준 C는 조현정동장애를 조현병과 구별하기 위함이고, 진단기준 B는 조현정동장애를 정신병적 양상을 동반한 우울장애나 양극성장애와 구별하기 위해 만들어졌다. 좀 더 구체적으로 말하면, 주요 기분 삽화 없이 최소 2주간 지속되는 뚜렷한 망상 및 환각의 발현을 기초로, 조현정동장애는 정신병적 양상을 동반한 우울장애나 양극성장애와 구별된다. 이에 비해, 정신병적 양상을 동반한 우울장애나 양극성장애에서 정신병적 양상은 일차적으로 기분 삽화 동안에 일어난다. 정신병적 증상에 대한 기분 증상의 상대적 부분은 시간에 따라 변할 수 있으므로, 적절한 진단은 조현정동장애에서 이들 장애로, 혹은 이들 장애에서 조현정동장애로 변하기도 한다(예를 들어, 만성 정신병적 질환의 첫 6개월 중 3개월을 지속하는 심하고 뚜렷한 주요우울 삽화가 있어 조현정동장애로 진단했다고 하더라도, 활성기 정신병적 증상 혹은 뚜렷한 잔류기 증상이 다른 기분 삽화의 재발 없이 수년간 지속된다면, 진단은 조현병으로 바뀌어야 함).

## 동반이환

조현정동장애로 진단된 사람들의 다수는 다른 정신질환, 특히 물질사용장애와 불안장애로도 진단된다. 이와 유사하게, 의학적 상태의 발생률이 일반 인구의 기저율 이상으로 증가되어 있으며, 이에 따라 평균수명이 감소된다.

# 물질/약물치료로 유발된 정신병적 장애
## Substance/Medication-Induced Psychotic Disorder

### 진단기준

A. 다음 증상 중 하나 혹은 둘 다 존재한다.

1. 망상
2. 환각

B. 병력, 신체검진 또는 검사 소견에 (1)과 (2) 둘 다의 증거가 있다.

1. 진단기준 A의 증상이 물질중독이나 물질금단 동안 혹은 직후에, 혹은 약물치료 노출 후에 발생함
2. 수반된 물질/약물치료가 진단기준 A의 증상을 일으킬 만한 능력이 있음

C. 장해가 물질/약물치료로 유발된 것이 아닌 정신병적 장애로 더 잘 설명되지 않는다. 독립적인 정신병적 장애라는 증거로 다음이 포함될 수 있다.
증상이 물질/약물치료 사용 시작보다 선행한다. 증상이 급성 금단 혹은 심한 중독의 중단 이후에도 상당한 기간(예, 약 1개월) 계속된다. 혹은 물질/약물치료로 유발된 것이 아닌 독립적인 정신병적 장애의 다른 증거(예, 재발성 비물질/약물치료 관련 삽화의 병력)가 있다.

D. 장해가 섬망의 경과 중에만 발생하지는 않는다.

E. 장해가 사회적, 직업적, 또는 다른 중요한 기능 영역에서 임상적으로 현저한 고통이나 손상을 초래한다.

**주의점:** 이 진단은 진단기준 A의 증상이 임상 양상에서 두드러지고 임상적 주목을 보증할 정도로 충분히 심할 때에만 물질중독이나 물질금단의 진단 대신에 내려져야 한다.

**부호화 시 주의점:** [특정 물질/약물치료]로 유발된 정신병적 장애에 대한 ICD-9-CM과 ICD-10-CM 부호는 다음 표에 제시되어 있다. ICD-10-CM 부호는 동일 종류의 물질에 대한 물질사용장애의 동반이환 여부에 따라 달라진다는 점에 주의한다. 만약 경도의 물질사용장애가 물질로 유발된 정신병적 장애와 동반이환된다면, 4번째 자리의 글자는 “1”이고, 임상가는 물질로 유발된 정신병적 장애 앞에 “경도 [물질]사용장애”를 기록해야 한다(예, 경도 코카인사용장애, 코카인으로 유발된 정신병적 장애 동반). 만약 중등도 또는 고도 물질사용장애가 물질로 유발된 정신병적 장애와 동반이환된다면, 4번째 자리의 글자는 “2”이고, 임상가는 동반이환하는 물질사용장애의 심각도에 따라 “중등도 [물질]사용장애 또는 고도 [물질]사용장애”를 기록해야 한다. 만약 동반이환하는 물질사용장애가 없다면(예, 1회의 심한 물질 사용 후), 4번째 자리의 글자는 “9”이며 임상가는 물질로 유발된 정신병적 장애만을 기록해야 한다.

| 물질/약물치료로 유발된 정신병적 장애 | | | | |
|---|---|---|---|---|
| | | ICD-10-CM | | |
| | ICD-9-CM | 사용장애 경도 | 사용장애 중등도 또는 고도 | 사용장애 없음 |
| 알코올 | 291.9 | F10.159 | F10.259 | F10.959 |
| 대마 | 292.9 | F12.159 | F12.259 | F12.959 |
| 펜시클리딘 | 292.9 | F16.159 | F16.259 | F16.959 |
| 기타 환각제 | 292.9 | F16.159 | F16.259 | F16.959 |
| 흡입제 | 292.9 | F18.159 | F18.259 | F18.959 |
| 진정제, 수면제, 또는 항불안제 | 292.9 | F13.159 | F13.259 | F13.959 |
| 암페타민(또는 기타 자극제) | 292.9 | F15.159 | F15.259 | F15.959 |
| 코카인 | 292.9 | F14.159 | F14.259 | F14.959 |
| 기타(또는 미상의) 물질 | 292.9 | F19.159 | F19.259 | F19.959 |

**다음의 경우 명시할 것**(물질 종류와 연관된 진단을 위해서는 "물질관련 및 중독 장애" 장의 표 1 참조):

**중독 중 발병:** 기준이 물질중독에 맞고, 증상이 중독 동안에 발생하는 경우

**금단 중 발병:** 기준이 물질금단에 맞고, 증상이 금단 동안 혹은 금단 직후 발생하는 경우

**현재의 심각도를 명시할 것:**

심각도는 망상, 환각, 와해된 언어, 비정상적 정신운동 행동, 음성 증상 같은 정신병의 일차 증상에 대한 양적 평가를 통해 등급화된다. 이러한 증상 각각은 현재 심각도(지난 7일 중 가장 심한)에 대하여 0(증상 없음)부터 4(고도의 증상이 있음)까지의 5점 척도를 이용해 등급화될 수 있다("평가도구" 장의 정신병 증상 심각도에 대한 임상가 평정 차원을 참조할 것).

**주의점:** 물질/약물치료로 유발된 정신병적 장애의 진단은 이러한 심각도 명시자의 사용 없이 내려질 수 있다.

## 기록절차

ICD-9-CM. 물질/약물치료로 유발된 정신병적 장애의 명칭은 망상이나 환각의 원인으로 가정되는 특정 물질(예, 코카인, 덱사메타손)로 시작한다. 진단부호는 진단기준 세트에 포함된 표에서 선택되며, 이 진단기준은 약물 종류에 기초한 것이다. 어느 종류에도 부합하지 않는 약물치료(예, 덱사메타손)의 경우 "기타 물질"

을 위한 부호를 사용해야 한다. 물질이 병인이라고 여겨지나 물질의 특정 종류를 알 수 없는 경우에는 "미상의 물질" 범주를 사용해야 한다.

장애의 명칭 다음에는 발병에 대한 명시사항이 뒤따른다(예, 중독 중 발병, 금단 중 발병). 물질로 유발된 장애와 물질사용장애를 결합한 ICD-10-CM의 기록절차와는 달리, ICD-9-CM에서는 물질사용장애에 별도의 진단부호가 부여된다. 예를 들어, 고도 코카인사용장애가 있는 사람의 경우, 중독 동안에 일어나는 망상 사례에 대한 진단은 292.9 코카인으로 유발된 정신병적 장애, 중독 중 발병이다. 추가로, 304.20 고도 코카인사용장애로도 진단된다. 한 가지 이상의 물질이 정신병적 증상의 발생에 상당한 역할을 한 것으로 여겨지는 경우, 각각 별도로 나열되어야 한다(예, 292.9 대마로 유발된 정신병적 장애, 중독 중 발병, 고도 대마사용장애 동반; 292.9 펜시클리딘으로 유발된 정신병적 장애, 중독 중 발병, 경도 펜시클리딘사용장애 동반).

ICD-10-CM. 물질/약물치료로 유발된 정신병적 장애의 명칭은 망상이나 환각의 원인으로 가정되는 특정 물질(예, 코카인, 덱사메타손)로 시작한다. 진단부호는 진단기준 세트에 포함된 표에서 선택되며, 이 표는 약물 종류와 동반된 물질사용장애의 유무에 기초한 것이다. 어느 부류에도 적합하지 않은 약물치료(예, 덱사메타손)의 경우, 동반 물질 사용 없이 "기타 물질"을 위한 부호가 사용되어야 한다. 물질이 병인이라고 여겨지나, 물질의 특정 부류를 알 수 없는 경우에는 동반 물질 사용 없이 "미상의 물질" 범주를 사용한다.

장애명을 기록할 때는 동반 물질사용장애를(있다면) 먼저 나열하고, 이어서 "동반with"이라는 단어와 함께 물질로 유발된 정신병적 장애의 명칭이 뒤따르며, 그다음으로 발병에 대한 명시사항(예, 중독 중 발병, 금단 중 발병)을 적는다. 예를 들어, 고도 코카인사용장애가 있는 사람의 경우, 중독 동안에 일어난 망상 사례에 대한 진단은 F14.259 고도 코카인사용장애, 코카인으로 유발된 정신병적 장애 동반, 중독 중 발병이다. 동반된 고도 코카인사용장애에 대한 별도의 진단은 부여되지 않는다. 만약 물질로 유발된 정신병적 장애가 동반된 물질사용장애 없이 일어난 경우라면(예, 1회의 심한 물질 사용 후), 추가적으로 물질사용장애는 기록하지 않는다(예, F16.959 펜시클리딘으로 유발된 정신병적 장애, 중독 중 발병). 한 가지 이상의 물질이 정신병적 증상의 발생에 상당한 역할을 한 것으로 여겨지는 경우에는 각각 별도로 나열되어야 한다(예, F12.259 고도 대마사용장애, 대마로 유발된 정신병적 장애 동반, 중독 중 발병; F16.159 경도 펜시클리딘사용장애, 펜시클리딘으로 유발된 정신병적 장애 동반, 중독 중 발병).

## 진단적 특징

물질/약물치료로 유발된 정신병적 장애의 필수적인 특징은 물질/약물(예, 남용약물, 약물치료 또는 독소 노출)의 생리적 양향이라고 여겨지는(진단기준 B) 뚜렷한 망상과 환각이 둘 중 하나 혹은 둘 다 존재함(진단기준 A)이다. 개인이 물질/약물치료로 유발된 것이라고 인식한 환각은 여기에 포함되지 않으며, 대신 부수 명시자로 "지각 장애 동반"을 붙인 물질중독 혹은 물질금단 진단이 적절하다(알코올금단, 대마중독, 진정제, 수면제 또는 항불안제 금단, 자극제 중독 등에 적용됨).

물질/약물치료로 유발된 정신병적 장애를 원발성 정신병적 장애와 구별하기 위해 고려할 점은 발병과 경과, 그리고 기타 요인들이다. 남용약물의 경우, 물질 사용, 중독, 혹은 금단에 대해 병력, 신체검진, 또는 검사 소견상 증거가 있어야 한다. 물질/약물치료로 유발된 정신병적 장애들은 약물치료에 노출된 동안이나 직후, 혹은 물질 중독이나 금단 뒤에 생기며 수 주 동안 지속될 수 있다. 반면, 원발성 정신병적 장애들은 물질/약물치료 사용 시작에 선행하거나 지속적인 금단시기에 발생하는 편이다. 일단 시작되면 물질/약물치료 사용이 계속되는 한, 정신병적 증상들 역시 계속되는 편이다. 달리 고려할 점으로는 원발성 정신병적 장애라고 하기에는 비전형적인 특징(예, 발병이나 경과에서 비전형적 연령)의 발현이다. 예를 들어, 35세 이상의 성인의 경우, 알려진 원발성 정신병적 장애의 병력 없이 새롭게 시작된 망상의 출현은 물질/약물치료로 유발된 정신병적 장애의 가능성을 시사한다고 봐야 한다. 원발성 정신병적 장애가 이전 병력에 있다고 해도 물질/약물치료로 유발된 정신병적 장애의 가능성이 배제되는 것은 아니다. 이와는 대조적으로, 정신병적 증상이 원발성 정신병적 장애로 더 잘 설명됨을 시사하는 요인에는 물질중독이나 급성 물질금단의 종료 이후, 혹은 약물치료 사용의 중단 이후에 상당 기간(예, 1개월 이상)의 시간이 지나도록 지속되는 정신병적 증상, 또는 이전에 원발성 정신병적 장애 재발의 병력이 포함된다. 물질/약물치료로 유발된 것이 아닌 정신병적 장애가 있는 사람들 사이에 물질 사용 문제가 드물지 않기 때문에, 물질 중독이나 금단이 있는 사람 역시 정신병적 증상의 다른 원인이 고려되어야 한다.

진단기준에 적시된 4가지 증상 영역 외에, 다양한 조현병 스펙트럼 및 기타 정신병적 장애를 확실히 구별하기 위해서는 인지, 우울, 그리고 조증 증상 영역의 평가가 필수적이다.

## 진단을 뒷받침하는 부수적 특징

정신병적 장애들은 다음과 같은 부류의 물질중독과 연관되어 일어날 수 있다(알코올, 대마, 펜시클리딘과 관련 물질을 포함한 환각제, 흡입제나 진정제, 수면제 또는 항불안제, [코카인을 포함한] 자극제 그리고 기타[또는 미상의] 물질). 정신병적 장애들은 다음과 같은 부류의 물질금단과 연관되어 일어날 수 있다(알코올, 진정제, 수면제 또는 항불안제, 그리고 기타[또는 미상의] 물질).

정신병적 증상을 유발한다고 보고된 약물치료는 마취제와 진통제, 항콜린제, 항경련제, 항히스타민제, 혈압강하제와 심혈관계 약물치료, 항균제, 항파킨슨제, 화학요법제(예, 사이클로스포린cyclosporine, 프로카바진procarbazine), 코르티코스테로이드corticosteroids, 소화기계 약물치료, 근육이완제, 비스테로이드성 소염제, 기타 일반 의약품(예, 페닐에프린, 슈도에페드린), 항우울제 그리고 디설피람disulfiram이다. 정신병적 증상을 유발했다고 보고된 독소는 항콜린에스테라제anticholinesterase, 유기인산 살충제, 사린sarin과 기타 신경가스, 일산화탄소, 이산화탄소, 그리고 연료나 페인트 같은 휘발성 물질이다.

## 유병률

일반 인구에서 물질/약물치료로 유발된 정신병적 장애의 유병률은 알려져 있지 않다. 여러 다른 배경에서 첫 삽화 정신병을 나타내는 사람들 중 7~25% 사이에서 물질/약물치료로 유발된 정신병적 장애가 있는 것으로 보고된다.

## 발달과 경과

장애의 시작은 물질에 따라 상당히 다른 편이다. 예를 들어, 고용량의 코카인을 피우면 몇 분 내에 정신병이 생기는 반면, 고용량의 알코올이나 진정제 사용은 정신병이 생기는 데 수일 혹은 수 주가 요구되는 편이다. 환각을 동반한 알코올로 유발된 정신병적 장애는 대체로 중등도 또는 고도 알코올사용장애가 있는 사람들이 지속적으로 알코올을 과음한 이후에 한해서 일어나고, 일반적으로 환청이 발생한다.

암페타민과 코카인으로 유발된 정신병적 장애는 임상적 특징이 유사하다. 암페타민 혹은 비슷하게 작용하는 교감신경자극제를 사용하는 경우, 피해망상이 빠르게 발생한다. 피부 바깥이나 안쪽에 벌레나 해충이 기어 다닌다는 환각(의주감 formication[* **역자 주**. 피부에 개미가 기어 다니는 것 같은 스멀거리는 느낌])은 긁어서 낸 상처나 피부 찰과상을 일으킬 수 있다. 대마로 유발된 정신병적 장애는 고용량의 대마 사용 후에 바로 생기는 편이고, 대개 피해망상, 극심한 불안, 감정 가변성, 이인증 등이 수반된다. 장애는 대개 하루 내에 관해되나, 어떤 경우에는 수일 동안 지속되기도 한다.

물질/약물치료로 유발된 정신병적 장애는 간혹 문제가 되는 약제가 제거된 후까지 지속되기도 한다. 그런 경우, 독립적인 정신병적 장애와의 구별이 처음에는 어려울 수 있다. 암페타민, 펜시클리딘, 코카인 등과 같은 약제는 약제 제거와 신경이완제 치료에도 불구하고, 때로 수 주 혹은 그 이상 지속되는 일시적인 정신병적 상태를 유발한다고 보고되고 있다. 만년에 여러 의학적 상태에 대한 다수의 약제 투여와 파킨슨병과 심혈관계 질환 및 기타 의학적 장애들에 대한 약물치료 노출은 물질남용과 대조적으로 처방약물에 의해 유발된 정신병의 가능성 증가와 연관되기도 한다.

## 진단적 표지자

관련된 혈중 농도가 가용적인 물질(예, 혈중 알코올 농도, 다이곡신처럼 정량화가 가능한 다른 혈중 농도)의 경우, 독성과 일치하는 혈중 농도가 나타날 때 진단적 확실성이 높아진다.

## 물질/약물치료로 유발된 정신병적 장애의 기능적 결과

물질/약물치료로 유발된 정신병적 장애는 전형적으로 심한 장애를 일으키며, 일단 일어나면 해당인들이 급성 치료 환경으로 이송되는 경우가 흔하기 때문에 결과적으로 응급실에서 아주 빈번히 관찰된다. 그러나 장애는 전형적으로 자기한정적 self-limited 이어서, 문제가 되는 물질이 제거되면 해소된다.

## 감별진단

**물질중독 또는 물질금단.** 자극제, 대마, 아편계 메페리딘, 펜시클리딘 등에 중독된 사람들, 혹은 알코올이나 진정제 금단이 있는 사람은 약물 효과로 인식하는 지각 변화를 경험하는 편이다. 이런 경험에 대한 현실 검증력이 온전하게 유지되면(예, 해당인은 그런 지각이 물질에 의해 유도된 것이라고 인식해서 그런 지각을 믿지도 반응하지도 않음), 진단은 물질/약물치료로 유발된 정신병적 장애가 아니다. 대신, 지각장애를 동반한 물질중독 혹은 물질금단이다(예, 지각장애를 동반한 코카인 중독). 환각제 사용이 중단되고 오랜 후에 일어날 수 있는 "플래시백" 환각은 환각제 지속성 지각장애로 진단된다. 물질/약물치료로 유발된 정신병적 증상이 섬망의 경과 동안에 일어나면(심한 알코올 금단 양상에서 보이는 것 같은), 정신병적 증상은 섬망의 연관된 특징으로 고려되며, 별도로 진단되지 않는다. 주요신경인지장애 또는 경도신경인지장애의 맥락에서 망상은 행동적 장애를 동반한 주요신경인지장애 또는 경도신경인지장애로 진단될 것이다.

**원발성 정신병적 장애.** 물질/약물치료로 유발된 정신병적 장애는 물질이 병인학적으로 증상과 관련이 있는 것으로 여겨진다는 점에서 조현병, 조현정동장애, 망상장애, 단기 정신병적 장애, 달리 명시된 조현병 스펙트럼 및 기타 정신병적 장애, 혹은 명시되지 않는 조현병 스펙트럼 및 기타 정신병적 장애 등과 같은 원발성 정신병적 장애와 구별된다.

**다른 의학적 상태로 인한 정신병적 장애.** 정신 상태 혹은 의학적 상태에 대한 처방된 치료로 인한 물질/약물치료로 유발된 정신병적 장애에서는 해당인이 약물치료를 받고 있는 동안(혹은 약물치료와 연관된 금단 증후군이 있다면 금단 동안) 발병되어야 한다. 의학적 상태가 있는 사람들은 흔히 그 상태의 치료를 위한 약물치료를 복용하기 때문에 임상가는 정신병적 증상이 약물치료보다 의학적 상태의 생리적 결과에 의해 생겨났을 가능성을 고려해야 한다. 이런 경우, 다른 의학적 상태로 인한 정신병적 장애로 진단된다. 병력은 흔히 이러한 판단의 일차적인 기초를 제공한다. 약물치료가 원인물질인지의 여부를 경험적으로 밝히기 위해서는 의학적 상태에 대한 치료에 있어서 변화(예, 약물치료 변경 혹은 중단)가 필요할 수도 있다. 장애가 의학적 상태와 물질/약물치료 사용 둘 모두에 기인하는 것으로 임상가가 확인한 경우, 2가지 진단(예, 다른 의학적 상태로 인한 정신병적 장애와 물질/약물치료로 유발된 정신병적 장애) 모두 주어질 수 있다.

# 다른 의학적 상태로 인한 정신병적 장애

## Psychotic Disorder Due to Another Medical Condition

### 진단기준

A. 뚜렷한 환각 혹은 망상

B. 장해가 다른 의학적 상태의 직접적인 병태생리학적 결과라는 증거가 병력, 신체검진 또는 검사 소견에 있다.

C. 장해가 다른 정신질환으로 더 잘 설명되지 않는다.

D. 장해가 섬망의 경과 중에만 발생하지는 않는다.

E. 장해가 사회적, 직업적, 또는 다른 중요한 기능 영역에서 임상적으로 현저한 고통이나 손상을 초래한다.

**다음 중 하나를 명시할 것:**

두드러진 증상에 기초한 부호

293.81 (F06.2) **망상 동반:** 망상이 두드러진 증상인 경우

293.82 (F06.0) **환각 동반:** 환각이 두드러진 증상인 경우

**부호화 시 주의점:** 정신질환의 명칭에 기타 의학적 상태의 이름을 포함시킨다(예, 293.81 [F06.2] 악성 폐암으로 인한 정신병적 장애, 망상 동반). 기타 의학적 상태는 의학적 상태로 인한 정신병적 장애 바로 앞에 부호와 이름을 별도로 기재해야 한다(예, 162.9 [C34.90] 악성 폐암; 293.81 [F06.2] 악성 폐암으로 인한 정신병적 장애, 망상 동반).

**현재의 심각도를 명시할 것:**

심각도는 망상, 환각, 와해된 언어, 비정상적 정신운동 행동, 음성 증상 같은 정신병의 일차 증상에 대한 양적 평가를 통해 등급화된다. 이러한 증상 각각은 현재 심각도(지난 7일 중 가장 심한)에 대해 0(증상 없음)부터 4(고도의 증상이 있음)까지의 5점 척도를 이용해 등급화될 수 있다("평가도구" 장의 정신병 증상 심각도에 대한 임상가 평정 차원을 참조할 것).

**주의점:** 다른 의학적 상태로 인한 정신병적 장애의 진단은 이러한 심각도 명시자의 사용 없이 내려질 수 있다.

## 명시자

진단기준에 적시된 증상 영역 외에, 다양한 조현병 스펙트럼 및 기타 정신병적 장애를 확실히 구별하기 위해서는 인지, 우울, 그리고 조증 증상 영역의 평가가 필수적이다.

## 진단적 특징

다른 의학적 상태로 인한 정신병적 장애의 필수적인 특징은 다른 의학적 상태의 생리적 영향으로 인한 것으로 여겨지면서, 다른 정신질환으로 더 잘 설명되지 않는 뚜렷한 망상이나 환각이다(예, 증상들은 심한 의학적 상태에 대한 심리적으로 매개

된 반응이 아니다. 그런 반응의 경우, 단기 정신병적 장애, 현저한 스트레스 요인 동반이라는 진단이 적절할 것이다).

환각hallucinations은 어떤 감각양식(예, 시각, 후각, 미각, 촉각, 청각)에서든 일어날 수 있으나, 특정 병인학적 요인들이 특정한 환각 현상을 유발할 수 있다. 환취는 측두엽 뇌전증을 시사한다. 환각은 병인학적 요인과 환경적 요인에 따라 충분히 발달되지 않은 단순한 것부터 고도로 복잡하고 조직화된 것에 이르기까지 다양한 편이다. 다른 의학적 상태로 인한 정신병적 장애는 해당인이 환각에 대한 현실 검증을 유지하고, 환각이 의학적 상태의 결과임을 인식하는 경우에는 일반적으로 진단되지 않는다. 망상delusions의 주제는 다양해서 신체망상, 과대망상, 종교망상, 그리고 가장 흔한 피해망상 모두 가능하다. 그러나 대체로 망상과 특정 의학적 상태 사이의 연관은 환각의 경우에서보다 덜 특정해 보인다.

정신병적 장애가 다른 의학적 상태로 인한 것인지를 밝히는 데 있어서 의학적 상태의 존재 여부가 확인되어야 하고, 그 의학적 상태가 생리적 기전을 통해 정신병의 원인을 제공하고 있는지의 여부가 고려되어야 한다. 비록 정신병적 장애의 원인이 의학적 상태인지의 여부를 밝히는 데 필요한 확실한 지침은 없지만, 몇 가지 고려사항은 어느 정도 이를 위한 지도를 제공한다. 고려사항은 다음과 같다. 첫째, 의학적 상태와 정신병적 장애의 발병, 악화 혹은 관해 사이의 시간적 연관성의 존재다. 둘째, 정신병적 장애로는 비전형적인 특징의 발현 여부다(예, 비전형적 발병연령, 환시나 환취의 발현). 장애는 또한 물질/약물치료로 유발된 정신병적 장애나 다른 정신질환(예, 적응장애)과 구별되어야 한다.

## 진단을 뒷받침하는 부수적 특징

의학적 상태 발병 또는 악화의 시간적 연관성이 망상이나 환각이 의학적 상태 탓이라는 점에 가장 큰 진단적 확실성을 제공한다. 자가면역장애autoimmune disorders에 대한 스테로이드 치료처럼 독립적으로 정신병의 위험성을 높이는 기저 의학적 상태에 대한 수반 치료가 추가적 요인으로 포함될 수 있다.

## 유병률

다른 의학적 상태로 인한 정신병적 장애는 기저 의학적 원인이 너무 다양해서 그 유병률을 추산하기 어렵다. 평생 유병률은 0.21~0.54% 정도인 것으로 추산되어 왔다. 유병률 소견을 연령집단으로 나누어 볼 때, 65세 이상의 노인들은 0.74%로 젊은 층에 비해 상당히 높은 유병률을 보인다. 정신병의 유병률 또한 기저 의학적 상태에 따라 다양하다. 정신병과 가장 흔히 연관되는 조건은 치료되지 않은 내분비장애 및 대사장애, 자가면역장애(예, 전신홍반성낭창, NMDA 수용체 자가면역뇌염) 그리고 측두엽 뇌전증이다. 뇌전증으로 인한 정신병은 발작 중, 발작 후, 발작 간 정신병으로 더 구별되어 왔다. 이들 중 가장 흔한 것은 발작 후 정신병으로, 뇌전증 환자의 2~7.8%에서 관찰된다. 노인들만 놓고 보면, 여성의 유병률이 더 높다. 그러나 추가적인 성별 관련 특징은 분명하지 않고, 기저 의학적 상태의 성별 분포에 따라 상당히 다르다.

## 발달과 경과

다른 의학적 상태로 인한 정신병적 장애는 단일의 일시적인 상황일 수 있고, 기저 의학적 상태의 악화와 관해에 따라 순환하는 재발성일 수도 있다. 비록 기저 의학적 상태의 치료로 흔히 정신병 해소가 이루어지기는 하지만, 항상 그런 것은 아니어서 정신병적 증상이 의학적 사건 후에 오랫동안 지속되기도 한다(예, 국소 뇌손상으로 인한 정신병적 장애). 다발성 경화증이나 뇌전증의 만성 발작 간 정신병 같은 만성 상태의 맥락에서 정신병은 장기간의 경과를 띠안는 편이다.

다른 의학적 상태로 인한 정신병적 장애의 발현은 발생연령에 달린 현상학에서 실질적으로 다르지 않다. 그러나 나이 든 연령층이 더 높은 장애 유병률을 나타내며, 이는 연령 증가와 연관된 의학적 부담의 증가, 그리고 유해한 노출 및 노화과정(예, 동맥경화)의 영향 효과 때문일 가능성이 높다. 기저 의학적 상태의 양상은 일생에 걸쳐 변화할 가능성이 높다. 즉, 젊은 연령층에서는 뇌전증, 두부 외상, 자가면역, 청년기 및 중년기의 신생물 질환 등에 의해 더 영향을 받고, 나이 든 연령

층에서는 뇌졸중, 무산소성 사건, 다중체계 동반이환 등에 의해 더 영향을 받는다. 시각 손상과 청각 손상뿐 아니라 기존의 인지 손상 같은 연령 증가에 따른 기저요인들이 정신병의 위험성 증가를 초래할 수 있다. 이는 정신병 경험의 역치를 낮추는 작용을 하기 때문인 것으로 보인다.

## 위험 및 예후 요인

**경과의 변경인자.** 기존에 존재하는 중추신경계 손상(예, 두부 외상, 뇌혈관 질환)이 더 불량한 치료 성과를 낳기도 하지만, 경과에 가장 큰 영향을 주는 것은 기저 의학적 상태의 발견과 치료다.

## 진단적 표지자

다른 의학적 상태로 인한 정신병적 장애의 진단은 각 사람의 임상적 상태에 달려 있고, 진단검사는 그 상태에 따라 변하게 된다. 다양한 의학적 상태가 정신병적 증상을 일으키는 편이다. 이 범주에 포함되는 의학적 상태는 신경학적 상태(예, 신생물, 뇌혈관 질환, 헌팅턴병, 다발성 경화증, 뇌전증, 청각신경이나 시각신경의 상해 또는 손상, 난청, 편두통, 중추신경계 감염), 내분비 상태(예, 갑상선기능 항진 및 저하, 부갑상선기능 항진 및 저하, 부신피질기능 항진 및 저하), 대사 상태(예, 저산소증, 탄산과잉증, 저혈당증), 유동액 혹은 전해질 불균형, 간 질환이나 신장 질환, 그리고 중추신경계 침범의 자가면역장애(예, 전신홍반성 낭창)다. 연관되는 신체검진 소견, 검사실 검사 소견, 유병양식이나 발병양식 등이 병인학적 의학적 상태를 반영한다.

## 자살 위험

뇌전증과 다발성 경화증 같은 상태들이 자살률의 증가와 연관성이 있고, 이때의 자살률이 정신병이 같이 있을 때 더욱 증가하는 편이지만, 다른 의학적 상태로 인한 정신병적 장애의 맥락에서 자살 위험은 기술될 정도로 분명하지는 않다.

## 다른 의학적 상태로 인한 정신병적 장애의 기능적 결과

다른 의학적 상태로 인한 정신병적 장애의 맥락에서 기능적 장애가 전형적으로 심하다. 그러나 상태의 유형에 따라 상당히 다를 것이며, 상태의 성공적 해소와 함께 호전될 가능성이 높다.

## 감별진단

**섬망.** 섬망의 맥락에서 환각과 망상이 흔히 일어난다. 그러나 장해가 섬망 경과 동안 배타적으로 일어나는 경우에는 별도 진단으로 다른 의학적 상태로 인한 정신병적 장애가 부여되지 않는다. 주요신경인지장애 혹은 경도신경인지장애의 맥락에서 망상은 주요신경인지장애 혹은 경도신경인지장애, 행동장해 동반으로 진단될 것이다.

**물질/약물치료로 유발된 정신병적 장애.** 만일 최근 혹은 오랫동안 물질 사용(정신활성 효과가 있는 약물치료 포함), 물질금단, 독소 노출(예, LSD 중독, 알코올금단) 등의 증거가 있다면, 물질/약물치료로 유발된 정신병적 장애가 고려되어야 한다. 물질 중독이나 금단 동안 혹은 직후(즉, 4주 이내) 혹은 약물치료 사용 이후에 일어나는 증상은 특별히 물질/약물치료로 유발된 정신병적 장애를 가리킨다고 보면 된다. 그리고 이는 사용된 물질의 특징, 지속기간, 사용량 등에 달려 있다. 장해가 의학적 상태와 물질 사용 둘 다에 기인하는 것으로 임상가가 확인한 경우, 2가지 진단(예, 다른 의학적 상태로 인한 정신병적 장애와 물질/약물치료로 유발된 정신병적 장애) 모두 내릴 수 있다.

**정신병적 장애.** 다른 의학적 상태로 인한 정신병적 장애는 정신병적 장애(예, 조현병, 망상장애, 조현정동장애)나 정신병적 양상을 동반한 우울 및 양극성 장애와 구별되어야 한다. 정신병적 장애와 정신병적 양상을 동반한 우울 및 양극성 장애에서는 의학적 상태와 연관된 아무런 특정적 · 직접적 생리 기전이 드러나지 않을 수 있다. 늦은 발병연령과 조현병이나 망상장애의 개인력이나 가족력이 없음은 다른 의학적 상태로 인한 정신병적 장애 진단을 배제하기 위한 철저한 평가의 필요성을 시사한다. 복잡한 문장을 말하는 음성 같은 환청은 의학적 상태로 인한 정신병적 장애보다는 조현병의 특징이다. 다른 유형의 환각(예, 환시, 환취)은 흔히 다른 의학적 상태로 인한 정신병적 장애나 물질/약물치료로 유발된 정신병적 장애의 신호다.

### 동반이환

80세 이상의 사람들에서 다른 의학적 상태로 인한 정신병적 장애는 병행 주요신경인지장애(치매)와 연관된다.

## 긴장증

긴장증catatonia은 신경발달장애, 정신병적 장애, 양극성장애, 우울장애, 그리고 기타 의학적 상태(예, 뇌엽산 결핍, 희귀한 자가면역장애와 부종양성장애) 같은 몇몇 장애에서 일어날 수 있다. 이 편람은 긴장증을 독립적 부류로 취급하지는 않으나, 다음 3가지, 즉 ① 다른 정신질환(즉, 신경발달장애, 정신병적 장애, 양극성장애, 우울장애, 기타 정신질환)과 연관된 긴장증, ② 다른 의학적 상태로 인한 긴장성장애, ③ 명시되지 않는 긴장증은 인정한다.

긴장증의 정의는 다른 정신질환과 연관된 긴장증과 다른 의학적 상태로 인한 긴장성장애의 진단기준에 있는 12개의 정신운동 특징 중 3개 이상의 발현이다. 긴장증의 필수적인 특징은 운동 활동감소, 문진이나 신체검진 동안의 호응도 감소, 그리고 과도하고 독특한 운동활동을 수반하는 현저한 정신운동 장해다. 정신운동 장해가 현저한 무반응부터 현저한 초조에 이르기까지 다양하므로, 긴장증의 임상적 발현 징후는 수수께끼 같을 수 있다. 운동 부동성motoric immobility은 고도일 수도 있고(혼미stupor), 중등도일 수도 있다(강경증catalepsy, 납굴증waxy flexibility). 비슷하게 호응도 감소가 고도일 수도 있고(함구증), 중등도일 수도 있다(거부증negativism). 과도하고 독특한 운동행동은 복잡할 수도 있고(예, 상동증stereotypy), 단순할 수도 있으며(초조agitation), 반향언어증echolalia과 반향동작증echopraxia을 포함하기도 한다. 극단적 사례에서는 한 사람이 운동활동의 감소와 과잉 사이를 오가기도 한다. 외견상 정반대의 임상적 특징과 가변적 진단 징후들로 인해 긴장증은 잘 인지되지 않을 수 있다. 긴장증이 심한 단계에 있는 동안에는 자해나 타해를 피하기 위해 해당인에 대한 세심한 감독이 필요할 수 있다. 영양결핍, 탈진, 이상고열, 자해 부상의 잠재적 위험성이 있다.

# 다른 정신질환과 연관된 긴장증(긴장증 명시자)

## Catatonia Associated With another Mental Disorder (Catatonia Specifier)

**진단기준** **293.89 (F06.1)**

A. 다음 증상 중 3가지(혹은 그 이상)가 임상 양상에서 뚜렷하다.

1. 혼미stupor(예, 정신운동 활동이 없음, 주변에 대한 능동적 관여가 없음)
2. 강경증catalepsy(예, 중력에 반해 유지되는 자세의 수동적 유도)
3. 납굴증waxy flexibility(예, 검사자가 취하게 하려는 자세에 대한 약한 저항)
4. 함구증mutism(예, 언어 반응이 없거나 아주 적음[실어증을 배제해야 함])
5. 거부증negativism(예, 지시나 외부 자극에 반대 혹은 무반응)
6. 자세유지증posturing(예, 중력에 반한 자세의 자발적·능동적 유지)
7. 매너리즘mannerism(예, 정상 행위의 이상하고 상세한 희화화)
8. 상동증stereotype(예, 반복적, 비정상적으로 빈번한, 비목표 지향적 운동)
9. 초조agitation, 외부 자극에 의해 영향을 받지 않음.
10. 찡그림grimauing
11. 반향언어증echolalia(예, 다른 사람의 말을 따라 함)
12. 반향동작증echopraxia(예, 다른 사람의 행동을 따라 함)

**부호화 시 주의점:** 이 상태의 명칭을 기록할 때, 연관된 정신질환의 명칭을 명시한다(예, 293.89 [F06.1] 주요우울장애와 연관된 긴장증). 연관된 정신질환(예, 신경발달장애, 단기 정

신병적 장애, 조현양상장애, 조현병, 조현정동장애, 양극성장애, 주요우울장애, 다른 정신질환)의 부호를 먼저 적는다(예, 295.70 [F25.1] 조현정동 장애, 우울형; 293.89 [F06.] 조현정동 장애와 연관된 긴장증).

---

## 진단적 특징

다른 정신질환과 연관된 긴장증(긴장증 명시자)은 신경발달장애, 정신병적 장애, 양극성장애, 우울장애, 그리고 기타 정신질환의 경과 동안, 기준이 긴장증에 부합될 때 사용된다. 긴장증 명시자는 임상 양상이 현저한 정신운동 장해를 특징으로 하고, 진단기준 A에 나열된 12개의 진단 특징 중 최소 3개를 수반할 때 적절하다. 긴장증은 전형적으로 입원 환경에서 진단되며, 조현병이 있는 사람들의 35%까지에서 일어난다. 그러나 긴장증 사례의 대다수는 우울장애 혹은 양극성장애가 있는 사람들이다. 긴장증 명시자가 신경발달장애, 정신병적 장애, 양극성장애, 우울장애, 그리고 기타 정신질환에서 사용되기 전에 아주 다양한 기타 의학적 상태를 배제할 필요가 있다. 이런 의학적 상태에 감염 상태, 대사적 상태, 그리고 신경학적 상태가 포함되며, 더 나아가 다른 의학적 상태도 포함될 수 있다("다른 의학적 상태로 인한 긴장성장애"를 참조할 것). 긴장증은 또한 약물치료의 부작용일 수도 있다("약물치료로 유발된 운동장애 및 약물치료의 기타 부작용" 장 참조). 후유증의 심각성 때문에 긴장증 333.92 (G21.0)가 신경이완제 악성증후군에 기인했을 가능성에 대해 특별한 주의가 기울여져야 한다.

# 다른 의학적 상태로 인한 긴장성장애

## Catatonic Disorder Due to Another Medical Condition

**진단기준** **293.89 (F06.1)**

A. 임상 양상은 다음 증상 중 3가지(혹은 그 이상)에 의해 장악된다.

1. 혼미(예, 정신운동 활동이 없음, 주변에 대한 능동적 관여가 없음)

2. 강경증(예, 중력에 반해 유지되는 자세의 수동적 유도)
3. 납굴증(예, 검사자가 취하게 하려는 자세에 대한 약한 저항)
4. 함구증(예, 언어 반응이 없거나 아주 적음[확실한 실어증이 있다면 적용할 수 없음])
5. 거부증(예, 지시나 외부 자극에 반대 혹은 무반응)
6. 자세유지증(예, 중력에 반한 자세의 자발적 · 능동적 유지)
7. 매너리즘(예, 정상 행위의 이상한, 상황적 희화화)
8. 상동증(예, 반복적인, 비정상적으로 빈번한, 비목표 지향적 운동)
9. 초조, 외부 자극에 의해 영향을 받지 않음.
10. 찡그림
11. 반향언어증(예, 다른 사람의 말을 따라 함)
12. 반향동작증(예, 다른 사람의 행동을 따라 함)

B. 병력, 신체검진 또는 검사 소견에 장애가 다른 의학적 상태의 직접적인 병태생리학적 결과라는 증거가 있다.
C. 장해가 다른 정신질환(예, 조증 삽화)으로 더 잘 설명되지 않는다.
D. 장해가 섬망 경과 중에만 발생하지는 않는다.
E. 장해가 사회적, 직업적, 또는 다른 중요한 기능 영역에서 임상적으로 현저한 고통이나 손상을 초래한다.

**부호화 시 주의점:** 정신질환의 명칭에 의학적 상태의 명칭을 포함시킨다(예, 293.89 [F06.1] 간성뇌증으로 인한 긴장성장애). 기타 의학적 상태는 의학적 상태로 인한 긴장성장애 바로 앞에 부호와 함께 별도로 기재해야 한다(예, 572.2 [K71.90] 간성뇌증; 293.89 [F06.1] 간성뇌증으로 인한 긴장성장애).

## 진단적 특징

다른 의학적 상태로 인한 긴장성장애의 필수적인 특징은 다른 의학적 상태의 생리적 영향 탓으로 여겨지는 긴장증의 발현이다. 긴장증은 진단기준 A의 12개 임상적 특징 중 최소 3개가 있을 때 진단될 수 있다. 병력, 신체검진, 그리고 검사 소견에 긴장증이 다른 의학적 상태 때문에 발생했다는 증거가 있어야 한다(진단기준 B). 진단이 주어지지 않는 경우는 긴장증이 다른 정신질환(예, 조증 삽화)에 의해 더 잘 설명되거나(진단기준 C), 섬망의 경과 동안에 배타적으로 일어날 때다(진단기준 D).

## 진단을 뒷받침하는 부수적 특징

다양한 의학적 상태가 긴장증을 일으킬 수 있으며, 특히 신경학적 상태(예, 신생물, 두부 외상, 뇌혈관 질환, 뇌염)과 대사적 상태(예, 칼슘 과다, 간성뇌증, 호모시스틴뇨증, 당뇨성 케토애시도시스)가 그렇다. 연관된 신체검진 소견, 검사실 검사 소견, 그리고 발병 및 유병 양상이 병인학적 의학적 상태를 반영한다.

## 감별진단

긴장증이 섬망이나 신경이완제 악성증후군의 경과 동안에 배타적으로 일어나는 경우, 다른 의학적 상태로 인한 긴장성장애 진단은 별도로 내려지지 않는다. 해당인이 현재 신경이완제를 복용하고 있으면, 약물치료로 유발된 운동장애(예, 비정상적 자세가 신경이완제로 유발된 급성 근육긴장이상 때문일 수 있음)나 신경이완제 악성증후군(예, 연관된 활력 징후와 검사실 검사 이상 소견에 더불어 긴장성 유사 특징이 있을 수 있음)이 고려되어야 한다. 긴장성 증상은 다음 5개의 정신병적 장애, 즉 단기 정신병적 장애, 조현양상장애, 조현병, 조현정동장애, 그리고 물질/약물치료로 유발된 정신병적 장애 중 어떤 것에서든 나타날 수 있다. 긴장증은 또한 일부 신경발달장애, 모든 양극성 및 우울 장애, 기타 정신질환 등에서도 있을 수 있다.

# 명시되지 않는 긴장증

Unspecified Catatonia

이 범주는 긴장증의 특징적인 증상들이 사회적, 직업적, 또는 다른 중요한 기능 영역에서 임상적으로 현저한 고통이나 손상을 일으키지만, 기저 정신질환이나 기타 의학적 상태의 본성이 불확실하거나, 긴장증의 완전한 기준을 만족하지 않거나, 혹은 좀 더 특정한 진단을 내리기에 정보가 불충분한(예, 응급실 상황) 발현 징후들에 적용된다.

**부호화 시 주의점:** 먼저 781.99 (R29.818) 신경계와 근골격계를 침범하는 기타 증상의 부호를 붙이고, 뒤이어 293.89 [F06.1] 명시되지 않는 긴장증의 부호를 붙인다.

# 달리 명시된 조현병 스펙트럼 및 기타 정신병적 장애
## Other Specified Schizophrenia Spectrum and Other Psychotic Disorder

**298.8 (F28)**

이 범주는 사회적, 직업적, 또는 다른 중요한 기능 영역에서 임상적으로 현저한 고통이나 손상을 일으키는 조현병 스펙트럼 및 기타 정신병적 장애의 특징적인 증상들이 두드러지지만, 조현병 스펙트럼 및 기타 정신병적 장애의 진단부류에 속한 장애 중 어느 것에도 완전한 기준을 만족하지 않는 발현 징후들에 적용된다. 달리 명시된 조현병 스펙트럼 및 기타 정신병적 장애 범주는 발현 징후가 어떤 특정 조현병 스펙트럼 및 기타 정신병적 장애의 기준에 맞지 않은 특정한 이유에 대해 소통하기 위해 임상가가 선택한 상황들에서 사용된다. 이는 "달리 명시된 조현병 스펙트럼 및 기타 정신병적 장애"를 기록하고, 이어서 특정한 이유(예, "지속적 환청")를 기록한다.

"달리 명시된"이라는 지정 문구를 사용해 분류될 수 있는 발현 징후들의 예는 다음과 같다.

1. **지속적 환청:** 어떤 다른 특징들 없이 나타남
2. **상당한 중복 기분 삽화를 동반한 망상:** 이는 망상장해의 실질적 부분에 있는 중복 기분 삽화의 기간이 동반된(그래서 망상장애에서 단기성 기분장해만을 규정하는 기준에 맞지 않는) 지속적인 망상을 포함함
3. **약화된 정신병 증후군:** 이 증후군은 완전한 정신병의 역치 아래에 있는 정신병 같은 증상들이 특징임(예, 증상들이 덜 심하고 더 일시적이며, 상대적으로 병식이 유지됨)
4. **망상장애가 있는 사람의 동반자의 망상 증상:** 관계라는 맥락에서 지배적 동반자로부터의 망상 재료가 그것만 아니면 망상장애의 기준에 전적으로 맞지 않을 사람의 망상적 믿음에 내용물을 제공함

# 명시되지 않는 조현병 스펙트럼 및 기타 정신병적 장애
## Unspecified Schizophrenia Spectrum and Other Psychotic Disorder

**298.9 (F29)**

이 범주는 사회적, 직업적, 또는 다른 중요한 기능 영역에서 임상적으로 현저한 고통이나 손상을 일으키는 조현병 스펙트럼 및 기타 정신병적 장애의 특징적인 증상들이 두드러지지만, 조현병 스펙트럼 및 기타 정신병적 장애의 진단부류에 속한 장애 중 어느 것에도 완전한 기준을 만족하지 않는 발현 징후들에 적용된다. 명시되지 않는 조현병 스펙트럼 및 기타 정신병적 장

애 범주는 기준이 특정 조현병 스펙트럼 및 기타 정신병적 장애의 기준에 맞지 않은 이유를 명시할 수 없다고 임상가가 선택한 상황들에서 사용되며, 좀 더 특정한 진단을 내리기에는 정보가 불충분한(예, 응급실 상황) 발현 징후들을 포함한다.

# 02

# 조현병 스펙트럼 및 기타 정신병적 장애 DSM-5® 가이드북

| | |
|---|---|
| 301.22 (F21) | 조현형(성격)장애("성격장애" 참조) |
| 297.1 (F22) | 망상장애 |
| 298.8 (F23) | 단기 정신병적 장애 |
| 295.40 (F20.81) | 조현양상장애 |
| 295.90 (F20.9) | 조현병 |
| 295.70 (F25._) | 조현정동장애 |
| | 물질/약물치료로 유발된 정신병적 장애 |
| | 다른 의학적 상태로 인한 정신병적 장애 |
| 293.89 (F06.1) | 다른 정신질환과 연관된 긴장증(긴장증 명시자) |
| 293.89 (F06.1) | 다른 의학적 상태로 인한 긴장성장애 |
| 293.89 (F06.1) | 명시되지 않는 긴장증 |
| 298.8 (F28) | 달리 명시된 조현병 스펙트럼 및 기타 정신병적 장애 |
| 298.9 (F29) | 명시되지 않는 조현병 스펙트럼 및 기타 정신병적 장애 |

조현병 스펙트럼 및 기타 정신병적 장애의 진단부류는 조현병과 관련 장애, 다른 주요 정신병, 그리고 역치 아래의 정신병들로 구성되어 있다(표 1). 이 모든 장애는 다음에 제시된 정신병리의 5개 영역(① 망상, ② 환각, ③ 와해된 사고, ④ 총체적으로 와해된 또는 긴장증 행동, ⑤ 음성 증상) 가운데 한 가지 또는 그 이상의 발현에 의해 연합되어 있다. 앞에서부터 4개 영역은 정신병의 예인 반면, 음성 증상negative symptoms은 발현되어야 할 것(예, 언어적 표현의 유창성과 자발성)의 결여가 특징이다. 그동안 정신병psychosis이라는 용어는 다양하게 정의되어 왔다. 그러나 DSM-IV에서부터 보다 제한적으로 정의되었다. 이 용어의 정의는 현실 감각에 균열이 생긴

사람에게 한정한다는 필수요건이 적용되었다. 정신분석에서 이 용어는 흔히 심각한 상태로, 기능적으로 손상되어 있지만 광범위한 문제와 증상을 가진 사람들을 기술하기 위해 사용되었다.

조현병schizophrenia은 재론의 여지없이 정신병 중에서도 가장 무기력하게 만드는 장애이지만, 다른 정신병적 장애들 역시 인식과 진단에 중요하다. 이러한 장애들로는 망상장애, 단기 정신병적 장애, 조현양상장애, 그리고 조현정동장애가 포함된다. 또한 이 장에는 다른 의학적 상태로 인한 정신병 또는 물질/약물치료로 유발된 정신병이 포함되어 있다. 다른 의학적 상태로 인한 긴장성장애가 이 장으로 옮겨져서, 장애가 의학적으로 유발된 사례에 사용되고 있다. 달리 명시된 그리고 명시되지 않는 조현병 스펙트럼 및 기타 정신병적 장애는 더 잘 정의된 어떤 범주에도 부합되지 않는 정신병적 증상을 기술하는 데 사용되는 잔류 범주들로 구성되어 있다.

| 표 1. DSM-5 조현병 스펙트럼 및 기타 정신병적 장애 |
|---|
| 조현형(성격)장애 (DSM-5 제18장 "성격장애" 참조) |
| 망상장애 |
| 단기 정신병적 장애 |
| 조현양상장애 |
| 조현병 |
| 조현정동장애 |
| 물질/약물치료로 유발된 정신병적 장애 |
| 다른 의학적 상태로 인한 정신병적 장애 |
| 다른 정신질환과 연관된 긴장증(긴장증 명시자) |
| 다른 의학적 상태로 인한 긴장성장애 |
| 명시되지 않는 긴장증 |
| 달리 명시된 조현병 스펙트럼 및 기타 정신병적 장애 |
| 명시되지 않는 조현병 스펙트럼 및 기타 정신병적 장애 |

모든 정신병적 장애는 DSM-5의 이 장에 포함되어 있다. 단, 양극성장애, 우울

장애, 또는 신경인지장애와 관련된 장애들은 예외다. 이러한 조직은 정신병적 장애의 감별진단 촉진에 도움이 된다.

이 범주에서는 몇 가지 중요한 변화가 있었다. 가장 기본적인 변화로는 전반적인 장 조직을 꼽을 수 있다. 일련의 장애는 이제 매우 경미한 수준에서부터 매우 심각한 수준에 이르기까지 증감률에 따라 나열되어 있다. 심각도severity는 정신병적 징후와 증상 수준, 횟수, 그리고 기간에 따라 정해진다. DSM-5에서는 보다 경미한 상태여서 배제된 적이 있던 보다 심각한 상태를 진단하는 사용자에게 주의를 당부하고 있다. 임상가들(수련의 포함)은 많은 사람에게 있어서 진단은 수개월 또는 수년이 걸릴 수 있다는 사실을 알아야 한다. 왜냐하면 징후와 증상은 점진적으로 발달하기 때문이다. 예를 들어, 사회적 위축과 마법적 사고에 대해 평가를 받은 젊은 남성의 경우, 처음에는 조현형 성격장애의 진단범주를 충족시키는 증상들을 가지고 있지만, 수년이 지나면서 조현병 진단범주를 충족시킬 정도로 공공연한 망상과 환각을 발달시킬 수 있다. 동시에, 임상가들은 최적의 진단에 도달하기 위해 물질사용장애 또는 다른 의학적 상태와 같은 대안적 설명들을 배제해야 할 필요가 있다.

조현형 성격장애schizotypal personality disorder는 조현병 스펙트럼에 속한다는 이유로 이 장에 포함되어 있다. 그러나 진단범주와 본문은 성격장애들과 함께 제시되어 있다(DSM-5의 "성격장애" 장 참조). 망상장애의 진단범주는 거의 변화가 없다. 그러나 비괴이한nonbizarre이라는 형용사는 삭제되었다(진단기준 A). 그리고 신체형은 "신체적 결함"에 관한 망상이 있는 사람들이 신체이형장애body dysmorphic disorder로 더 적절하게 진단될 수 있도록 수정되어 DSM-5의 "강박 및 관련 장애" 장에 배치되었다. DSM-IV에서 신체이형장애는 신체형 장애에 포함되었다.

공유된 정신병적 장애shared psychotic disorder는 그동안 진단이 자주 사용되지 않아 왔고, 이 진단의 범주에 부합되는 사람들은 몇몇 다른 정신병적 장애(예, 망상장애)의 진단범주에도 부합되곤 했다는 문제가 있었다. 공유된 정신병적 장애의 핵심은 망상성 믿음이 한 사람으로부터 다른 사람에게 옮겨지는 것이다. 과거에 이렇게 드문 사례들은 폴리어 듀folie a deux[*역자 주. 가족 등 밀접한 두 사람이 동일하거나 유사한 정신 장애를 갖게 되는 현상], 즉 "이중 정신이상double insanity"을 의미하는 프랑스어로 불렸다.

임상가들은 더 이상 조현병 아형을 기록하지 않아도 될 것이다. 편집형, 와해형, 긴장형, 미분류형, 그리고 잔류형은 DSM-I으로 거슬러 올라갈 정도로 오랜 역사를 지니고 있지만(McGlashan and Fenton 1994), 이들의 임상적 유용성이나 예언타당도를 뒷받침하는 증거는 거의 없다(Helmes and Landmark 2003). 조현병의 경과는 매우 가변적이어서 아형들이 거의 안정적이지 않다. 따라서 이 질환의 다양한 단계에서 개인의 증상이 서로 다른 아형의 진단범주를 충족시키게 되는 것은 그리 특이한 일이 아니다. 예를 들어, 개인의 증상이 질환 초기에는 와해형 진단범주에 부합되었다가, 편집형에 부합되었다가, 결국 질환이 한참 경과된 후에 잔류형에 부합되기도 한다.

그동안 조현정동장애의 진단범주는 기분 증상의 총 기간에 관하여 임상가들에게 보다 나은 안내를 제공하기 위해 수정되어 왔다. 기분 증상이 "질환의 활성기와 잔류기의 총 기간의 상당한 부분" 지속되어야 한다는 필수요건 대신, DSM-5에서는 "질환의 활성기와 잔류기의 총 기간의 대부분의 시간" 동안 나타나야 한다는 필수요건으로 수정되었다. 이러한 변화는 진단기준의 낮은 신뢰도와 이 기준의 제한된 임상적 유용성에 의해 촉발되었다.

정신병적 장애 작업집단Psychotic Disorders Work Group은 약화된 정신병 증후군의 포함 여부를 놓고 격론을 벌였다. 이 증후군은 조현병 발달가능성이 높은 사람과 연관성이 있는 증상의 모듬체다. 이러한 상태를 포함시키고자 한 원동력은 조현병을 발달시킬 가능성이 있는 사람들을 확인하는 데 도움이 될 것이므로, 조기에 임상적 주의와 치료가 가능해질 거라는 것이었다. 이 증후군은 제III편, "추가 연구가 필요한 진단적 상태"에 포함시키기로 결정이 내려졌지만(제22장 참조), 달리 명시된 조현병 스펙트럼 및 기타 정신병적 장애의 예로서 포함되었다.

## 조현형(성격)장애

조현형(성격)장애schizophreniform (personality) disorder는 조현병 스펙트럼 내에 속하기 때문에 이 장에 포함되어 있다. 이 장애에 대한 진단범주와 본문은 DSM-5의 성격장애 장에서 찾을 수 있다.

## 망상장애

망상장애delusional disorder는 다양한 형태의 망상 외에 지속적인 망상이 있지만, 심리사회적 기능이 비교적 정상이고, 명백하게 괴상하거나 괴이하지 않은 행동을 나타내는 사람들에게 사용되는 진단이다. 이 장애는 "편집성 장애paranoid disorder"라는 명칭으로 DSM-II에 처음 포함되었다. 이 명칭은 DSM-III-R에서는 망상(편집성)장애로 바뀌었다. 망상이 원발성 증상인 반면, 편집성paranoid이란 용어는 여러 다른 의미를 지니고 있다는 이유에서였다.

망상장애는 오랜 역사를 지니고 있다. 크래펠린Kraepelin은 편집증paranoia과 조발성 치매dementia praecox를 구분하였다. 그는 이 진단을 회복은 되지 않지만 정신악화로 이어지지는 않는 체계적 망상(환각은 아님)과 장기적인 경과를 지닌 사람들에게 사용하였다. 전통적으로 이 진단은 비괴이성(예, 가능하나 그럴듯하지는 않은) 망상을 지니고 있지만, 기능 상태는 좋은(조현병과 조현정동장애가 있는 사람들에게서 보이는 기능악화는 없는) 사람들에게 사용되었다. 이러한 사람들은 망상성 믿음을 자아친화적(예, 자신들의 기대, 자기감, 그리고 현실감과 일치하는)인 것으로 경험하기 때문에 이들의 병식은 좋지 않고, 일반적으로 치료 신청에도 거의 관심을 보이지 않는다.

DSM-5에서는 진단에 많은 변화가 있었다. "비괴이성nonbizarre"이라는 형용사는 진단기준에서 삭제되었다. 한 가지 이유는 "괴이성bizarre"은 특히 문화권에 따라서 흔히 판단이 어렵다는 이유에서였다(Cermolacce et al. 2010). 이러한 변화 이면의 또 다른 이유는 보다 실용적이면서도 부분적으로 조현병의 정의에 있어서의 변화에서 찾을 수 있다. 새로운 정의에서는 괴이한 망상에 대한 특수 치료에 관한 부분이 진단기준 A에서 삭제되었다.

이러한 변화로 단일 괴이성 망상의 발현은 더 이상 조현병의 진단기준 A를 충족시킬 수 없게 되었다. 망상장애 범주 내에 드물게 단일 괴이성 망상이 있는 사람을 위한 자리를 만들기 위한 필요한 조치였다. 작업집단의 구성원들은 망상의 괴이성 여부를 기반으로 치료방법을 구분해야 할 정당한 이유가 거의 없다는 사실을 발견하였다. "괴이한 내용 동반" 명시자를 추가함으로써 망상의 성질을 기록할 수 있게 되었고, DSM-IV와의 연계성을 이어 나가게 될 수 있었다. 이 명시자는 망상이 명백하게 타당해 보이지 않다고 생각될 때 사용된다.

진단기준 E는 다른 정신장애(신체변형장애와 강박장애)를 배제하기 위해 추가되었다. 게다가 신체형은 "몇몇 신체적 결함"이라는 문구를 삭제하는 것으로 수정되었다. 이 2가지 변화로 "신체적 결함"에 관한 망상이 있는 사람들이 보다 적절하게 신체이형장애로 진단될 수 있게 되었다. 이 장애는 이제 새로운 진단부류인 강박 및 관련 장애에 포함되어 있다(제7장 참조). 작업집단은 이러한 변화가 필요하다고 느꼈다. 왜냐하면 신체이형장애가 있는 사람들은 망상이 있든 없든 간에 강박장애가 있는 사람들과 유사한 질환 경과를 보였고, 선택적 세로토닌 재흡수 억제제 selective serotonin reuptake inhibitor 약물치료에 대해 반응하는 경향이 있었기 때문이었다. 이러한 변화는 망상장애와 신체이형장애, 병식 없음/망상성 믿음 동반, 그리고 강박장애, 병식/망상성 믿음 동반 진단들을 구분하는 데 도움이 된다.

**망상장애 진단기준** **297.1 (F22)**

A. 1개월 이상의 지속기간을 가진 한 가지(혹은 그 이상의) 망상이 존재한다.

B. 조현병의 진단기준 A에 맞지 않는다.
  **주의점:** 환각이 있다면 뚜렷하지 않고, 망상 주제와 연관된다(예, 벌레가 우글거린다는 망상과 연관된 벌레가 꼬이는 감각).
C. 망상의 영향이나 파생결과를 제외하면 기능이 현저하게 손상되지 않고 행동이 명백하게 기이하거나 이상하지 않다.
D. 조증이나 주요우울 삽화가 일어나는 경우, 이들은 망상기의 지속기간에 비해 상대적으로 짧다.
E. 장해가 물질의 생리적 영향이나 다른 의학적 상태로 인한 것이 아니고, 신체이형장애나 강박장애와 같은 다른 정신질환으로 더 잘 설명되지 않는다.

다음 중 하나를 명시할 것:
  **색정형:** 이 아형은 망상의 중심 주제가 또 다른 사람이 자신을 사랑하고 있다는 것일 경우에 적용된다.
  **과대형:** 이 아형은 망상의 중심 주제가 어떤 굉장한(그러나 확인되지 않은) 재능이나 통찰력을 갖고 있다거나 어떤 중요한 발견을 하였다는 확신일 경우에 적용된다.
  **질투형:** 이 아형은 망상의 중심 주제가 자신의 배우자나 연인이 외도를 하고 있다는 것일 경우에 적용된다.
  **피해형:** 이 아형은 망상의 중심 주제가 자신이 음모, 속임수, 염탐, 추적, 독극물이나 약물 주입, 악의적 비방, 희롱, 장기목표 추구에 대한 방해 등을 당하고 있다는 믿음을 수반한 경우에 적용된다.
  **신체형:** 이 아형은 망상의 중심 주제가 신체적 기능이나 감각을 수반한 경우에 적용된다.
  **혼합형:** 이 아형은 어느 한 가지 망상적 주제도 두드러지지 않은 경우에 적용된다.
  **명시되지 않는 유형:** 이 아형은 지배적 망상적 믿음이 분명히 결정될 수 없는 경우, 혹은 특정 유형에 기술되지 않은 경우(예, 뚜렷한 피해 혹은 과대 요소가 없는 관계망상) 적용된다.

다음의 경우 명시할 것:
  **괴이한 내용 동반:** 망상이 분명히 타당해 보이지 않고, 이해 불가하며, 보통의 일상 경험에서 유래되지 않으면 기이한 것으로 간주된다(예, 낯선 이가 자신의 장기는 꺼내 가고, 대신 누군가의 장기를 상처나 흉터를 남기지 않은 채 집어넣었다는 믿음).

다음의 경우 명시할 것:
다음의 경과 명시자들은 장애 지속기간이 1년이 지난 후에만 사용한다.
  **첫 삽화, 현재 급성삽화 상태:** 정의된 진단적 증상과 시간 기준에 합당한 장애의 첫 발현. 급성삽화란 증상 기준이 충족되는 시간적 기간을 일컫는다.
  **첫 삽화, 현재 부분관해 상태:** 부분관해란 앞 삽화 이후 호전이 유지되고 정의된 장애 기준이 부분적으로만 충족되는 시간적 기간을 일컫는다.

첫 삽화, 현재 완전관해 상태: 완전관해란 앞 삽화 이후 더 이상 장애 특이적 증상이 존재하지 않는 시간적 기간을 일컫는다.
다중 삽화, 현재 급성삽화 상태
다중 삽화, 현재 부분관해 상태
다중 삽화, 현재 완전관해 상태
지속적인 상태: 장애의 진단적 증상 기준을 충족하는 증상들이 질병 경과의 대부분에서 그대로 남아 있고, 역치 아래의 증상기간은 전체 경과에 비해 매우 짧다.
명시되지 않는 경우

현재의 심각도를 명시할 것:
심각도는 망상, 환각, 와해된 언어, 비정상적 정신운동 행동, 음성 증상 같은 정신병의 일차 증상에 대한 양적 평가를 통해 등급화된다. 이러한 증상 각각은 현재 심각도(지난 7일 중 가장 심한)에 대하여 0(증상 없음)부터 4(고도의 증상이 있음)까지의 5점 척도를 이용해 등급화될 수 있다("평가도구" 장의 정신병 증상 심각도에 대한 임상가 평정 차원을 참조할 것).
주의점: 망상장애의 진단은 이러한 심각도 명시자의 사용 없이 내려질 수 있다.

## 진단기준 A

망상장애는 망상이 최소한 1개월간 필수적으로 나타나야 한다. DSM-IV에서는 망상이 비괴이한 것이어야 한다고 명시되었다. 비괴이성이라는 용어는 삭제되었지만, 비괴이성 망상이 있는 사람들을 포함하고, 다양한 아형에 의해 구분되는 것으로 남아 있다. 조현병이 있는 사람들은 흔히 실생활에서는 가능하지 않은 매우 괴이한 망상을 가지고 있다. 예를 들어, 우리는 자신들의 뇌에 심어 놓은 전파송신기에 의해 조종당하고 있다고 주장하는 환자들을 만나 오고 있다(급격한 기술 발달로 이러한 상황은 미래에도 가능할 것임).

## 진단기준 B

조현병 진단기준을 충족시키는 증상들을 배제하는 것은 망상장애와 조현병의 분리에 도움이 되었다. 조현병이 있는 사람들은 음성 증상 외에도 다른 정신병적 증상(긴장증을 비롯한 환각, 와해된 언어, 총체적 이상행동)을 지니고 있다. 망상장애가 있는 사람들은 망상과 관련된 환촉과 환취를 가지고 있을 수 있지만, 이외에는 조현병이 있는 사람들에게서 공통적으로 나타나는 증상(예, 환청)은 없다. 예를 들어, 신체형 망상장애가 있는 사람들은 기생충에 감염되었다는 망상이 있어서, 기생충이 자신의 피부 아래를 돌아다니는 느낌이 든다고 보고할 수 있다(이렇게 특별한 망상은 망상성 기생충증delusional parasitosis으로 알려져 있고, 피부과 의사들의 눈에 더 자주 띄고 있음).

## 진단기준 C

망상장애가 있는 사람들은 눈에 띄게 특이하거나 괴이한 방식으로 행동하지 않는다. 이 점은 흔히 이상한 방식으로 행동하는 조현병이 있는 사람들과의 중요한 차이점이다(예, 혼자 중얼거림, 불결하거나 부적절한 의상, 또는 낯선 사람들에게 말 걸기). 이 진단기준의 목적은 망상 또는 망상에서 파생된 증상 외에 기능이 온전한 사람들에게 한정 짓는 것을 공고히 하는 것이다. 즉, 일부 사람의 행동은 그들이 가지고 있는 망상에 의해 크게 영향을 받는다. 이는 이들의 행동에 반영되기도 한다. 예를 들면, TV에 출연하는 여성 탤런트에게 사랑을 느낀 사람은 그 여성과의 접촉을 시도하거나, 드물게 스토킹하기도 한다. 자신의 아내가 불륜을 저지르고 있다고 생각하는 사람은 아내의 정부와 함께 있는 상태에서 아내를 붙잡기 위해 아내의 사적인 이메일을 훔쳐보거나, 일상활동을 감시하기도 한다.

## 진단기준 D

만일 망상장애가 있는 사람들이 동반된 기분 삽화가 있어 왔다면, 이 삽화들은 비교적 단기적이었을 것이다. 이 진단기준의 목적은 망상장애와 정신병적 형태의 주요우울장애를 구분하는 것이다. 후자의 장애가 있는 사람들은 심한 우울증을 겪는 상황에서 망상을 발달시킬 수 있다. 그러나 이러한 망상은 우울 내용이 담겨있는 경향이 있다(예, 자신이 죄악행위를 저질렀다고 믿거나, 저금한 돈을 몽땅 잃어버렸다고 믿음). 만일 망상이 우울 질환의 경과 중에만 발생한다면, 진단은 정신병적 양상 동반 기분장애가 된다.

망상장애가 있는 사람들에게는 흔히 심각한 우울 증상이 있다. 임상가들은 이러한 증상들이 주요우울장애나 달리 명시된 또는 명시되지 않는 우울장애의 독립적인 진단을 내릴 수 있다(또는 양극성장애가 있다면, 달리 명시된 또는 명시되지 않는 양극성 및 관련 장애). 조현정동장애는 망상이 장기간 지속되고, 기분장애가 심한 경우에 내릴 수 있는 또 다른 진단이다.

## 진단기준 E

이 진단기준에서는 물질이나 다른 의학적 상태의 생리적 영향으로 인한 망상장애나 다른 정신장애로 더 잘 설명될 수 있는 망상장애는 배제해야 한다. 망상은 다양한 의학적 질병, 특정한 의학적 치료 또는 약물치료(예, 코르티코스테로이드corticosteroids [***역자 주**. 부신피질 스테로이드 호르몬 및 이와 유사한 화학물질의 총칭으로, '피질 스테로이드'라고도 불림]), 그리고 남용약물 사용(예, 자극제)으로 인해 나타날 수 있다. 이 진단기준은 외상성 뇌손상이나 발작장애뿐 아니라 치매와 같은 신경인지장애를 필수적으로 배제해야 한다. 또한 특정한 형태의 신체변형장애와 강박장애는 비교적 심하고, 망상과 연관이 있다(예, 개인이 자신의 정상적으로 보이는 코가 못생겼고 기형이라고 믿는 경우). 이러한 믿음이 망상의 기형에 관한 비율에 해당되는 경우에는 망상장애보다는 신체변형장애 진단이 더 적절하다.

## 아형 및 명시자

아형은 색정형이나 과대형과 같이 장애의 특정 주제를 나타내기 위해 사용된다. 괴이함, 장애 경과, 그리고 현재의 심각도 역시 명시될 수 있다.

# 단기 정신병적 장애

단기 정신병적 장애brief psychotic disorder는 적어도 1개월 내에 1일 동안 지속되는 정신병의 비교적 단기 삽화에 대해 사용되는 진단이다. 이 장애는 비교적 드물고, 매일 기능상의 감소를 경험하지 않거나, 후향적으로 조현병의 전조를 암시하는 징후를 보이는 사람들에게서 발생한다. 더욱이, 이 진단과 연관된 정신병적 증상은 스트레스 상황이나 급성 기분 변화에 의해 발생하는 경향이 있다. 과거에 이 진단은 주로 반응성, 히스테리성, 또는 심인성psychogenic 정신병으로 불렸다. 이 진단은 편집상의 사소한 수정, 그리고 긴장증에 대한 명시자와 현재 심각도의 명시자를 추가한 것 외에는 DSM-IV로부터 근본적으로 변화되지 않았다.

일부 사람은 수 시간 동안 지속되는 새롭게 발병되는 정신병적 장애를 보고한다. 그러므로 이들은 이 진단에 적합하지 않다. 이러한 증상은 경계성 성격장애 또는 조현형 성격장애가 있는 사람들에게서 발생한다. 이러한 경우들에는 추가 진단이 필요하지 않다. 반면, 이러한 단기 증상들이 발생하고, 이 증상들이 약물치료, 남용약물, 또는 다른 의학적 상태에 의한 것이 아닌 경우, 달리 명시된 또는 명시되지 않는 조현병 스펙트럼 및 기타 정신병적 장애 진단이 적절하다.

**단기 정신병적 장애 진단기준** **298.8 (F23)**

A. 다음 증상 중 한 가지(혹은 그 이상)가 존재하고. 이들 중 최소한 하나는 (1), (2), 혹은 (3) 이어야 한다.

1. 망상
2. 환각
3. 와해된 언어(예, 빈번한 탈선 혹은 지리멸렬)
4. 극도로 와해된 또는 긴장성 행동

**주의점:** 문화적으로 인정되는 반응이면 증상에 포함하지 말 것

B. 장해 삽화의 지속기간이 최소 1일 이상 1개월 이내이며, 결국 병전 수준의 기능으로 완전히 복귀한다.

C. 장해가 정신병적 양상을 동반한 주요우울장애나 양극성장애, 혹은 조현병이나 긴장증 같은 다른 정신병적 장애로 더 잘 설명되지 않으며, 물질(예, 남용약물, 약물치료)의 생리적 영향이나 다른 의학적 상태로 인한 것이 아니다.

다음의 경우 명시할 것:

**현저한 스트레스 요인을 동반하는 경우**(단기 반응성 정신병): 개인의 문화권에서 비슷한 상황이 되면 대개 어떤 사람에게든 현저하게 스트레스를 주는 단일 사건 혹은 중복 사건에 반응하여 증상이 일어나는 경우

**현저한 스트레스 요인을 동반하지 않는 경우**: 개인의 문화권에서 비슷한 상황이 되면 대개 어떤 사람에게든 현저하게 스트레스를 주는 단일 사건 혹은 중복 사건에 반응하여 증상이 일어난 경우가 아닐 때

**산후 발병**: 임신기간 혹은 산후 4주 내에 발병한 경우

다음의 경우 명시할 것:

**긴장증 동반**(정의는 127~128쪽의 다른 정신질환과 연관된 긴장증의 진단기준을 참조할 것)

**부호화 시 주의점**: 동반한 긴장증의 존재를 지정하기 위해서는 단기 정신병적 장애와 연관된 긴장증을 위한 추가 부호 293.89 (F06.1)을 사용한다.

현재의 심각도를 명시할 것:

심각도는 망상, 환각, 와해된 언어, 비정상적 정신운동 행동, 음성 증상 같은 정신병의 일차 증상에 대한 양적 평가를 통해 등급화된다. 이러한 증상 각각은 현재 심각도(지난 7일 중 가장 심한)에 대하여 0(증상 없음)부터 4(고도의 증상이 있음)까지의 5점 척도를 이용해 등급화될 수 있다("평가도구" 장의 정신병 증상 심각도에 대한 임상가 평정 차원을 참조할 것).

**주의점**: 단기 정신병적 장애의 진단은 이러한 심각도 명시자의 사용 없이 내려질 수 있다.

## 진단기준 A

정신병적 증상이 반드시 발현되어야 한다. 그리고 단기 정신병적 장애의 진단기준 A 목록은 음성 증상이 포함되지 않은 것을 제외한다면 조현병에 대한 것을 그대로 옮겨 놓은 것이다. 이러한 음성 증상들은 보통 장기간에 걸쳐 발생하고, 일반적으로 급격히 발현되지 않는다. 이 진단은 정신병적 증상이 기공체조[Qigong](일과성 정신병으로 이어질 수 있다고 보고되는 중국의 건강증진 운동)와 같이 문화적으로 제한된 활동에 대한 반응으로 발달된 것으로 보이는 경우에 적용된다. 이는 중요

한 고려사항이다. 왜냐하면 정신병 유사 현상은 일부 비서구 문화권에서 확대된 종교 또는 의식 절차가 진행되는 동안 발생하는 것으로 보고되고 있기 때문이다.

## 진단기준 B

장해는 적어도 1개월 이내에 1일간 지속되어야 한다. 만일 기간이 더 길다면, 조현양상장애와 같은 다른 진단이 더 적절할 것이다.

## 진단기준 C

DSM-5 내에서의 일관성 유지를 위해 문구가 수정되었다. 그러나 이 진단기준은 DSM-IV로부터 변화되지 않았다. 기분장애, 다른 정신병적 장애, 의학적 상태, 그리고 물질의 생리적 영향은 장해의 원인으로 배제될 필요가 있다.

## 명시자

스트레스 요인에 대한 반응으로 장애가 발생하는 경우, 임상가는 "뚜렷한 스트레스 요인 동반" 명시자를 사용할 수 있다. 만일 단기 정신병적 장애가 산후 4주 이내에 발생한다면, "산후 발병 동반" 명시자가 적절하다. 전형적으로, 산후 발병된 여성들은 일반적으로 출산 1~2주 이내에 증상을 발달시킨다. 증상으로는 와해된 언어, 오인^misperceptions^, 기분 불안정, 혼돈, 그리고 환각이 포함될 수 있다. 흔히 "산후 정신병"으로 알려져 있는 이 장애는 정상적으로 기능하는 사람들에게서 발생하는 경향이 있다. 이 장애는 "베이비 블루즈^baby blues^"[***역자 주**. 산후 우울증을 빗대어 하는 말]와는 구별되어야 한다. 베이비 블루즈는 많은 산모에게서 발생하는 것으로, 출산 후 여러 날 동안 지속되지만 병리적인 것으로는 간주되지 않는다. "긴장증 동반"이라는 새로운 명시자는 완전한 증후군이 발현되는 경우에 사용될 수 있다. 현재의 심각도 역시 마찬가지로 명시된다.

# 조현양상장애

조현양상[schizophreniform]이란 용어는 가브리엘 랑펠트(Gabriel Langfeldt, 1939)에 의해 반응적이고 비교적 정상적인 성격의 소유자들에게서 발생한 급성 정신병을 기술하기 위해 사용되었다. 이 사례들은 DSM-II에서는 "급성 조현병 삽화[acute schizophreni episodes]"로 알려졌다. 조현양상장애는 DSM-III에서 정식으로 달리 분류되지 않는 정신병적 장애들 중 하나로 인정되었다. 이 진단은 적어도 6개월 이내에서 1개월간 지속되는 조현병 증상에 대해 사용되었다. 일단 증상이 6개월 또는 그 이상 지속되는 경우, 비록 잔류기 증상이 남아 있어도 진단은 조현병으로 바뀐다(예, 정동 둔마[blunted affect]).

그동안 조현양상장애의 타당성에 대한 열띤 논쟁이 있어 왔다. 이 장애로 진단받은 일부 사람들 중에는 조현병을 발달시킨 사람들이 있었는가 하면, 기분장애 또는 조현정동장애를 발달시킨 사람들이 있다. 조현양상장애가 있는 사람들은 조현병으로 처음 진단을 받은 사람들보다 비교적 예후가 좋다.

**조현양상장애 진단기준 295.40 (F20.81)**

A. 다음 증상 중 2가지(혹은 그 이상)가 1개월의 기간(성공적으로 치료가 되면 그 이하) 동안의 상당 부분의 시간에 존재하고, 이들 중 최소한 하나는 (1), (2), 혹은 (3)이어야 한다.

1. 망상
2. 환각
3. 와해된 언어(예, 빈번한 탈선 혹은 지리멸렬)
4. 극도로 와해된 또는 긴장성 행동
5. 음성 증상(예, 감소된 정서 표현 혹은 무의욕증)

B. 장애의 삽화가 1개월 이상, 6개월 이내로 지속된다. 진단이 회복까지 기다릴 수 없이 내려져야 할 경우에는 "잠정적"을 붙여 조건부 진단이 되어야 한다.

C. 조현정동장애와 정신병적 양상을 동반한 우울 또는 양극성 장애는 배제된다. 왜냐하면 ① 주요우울 또는 조증 삽화가 활성기 증상과 동시에 일어나지 않기 때문이거나, ② 기분 삽화가 활성기 증상 동안 일어난다고 해도 병의 활성기 및 잔류기 전체 지속기간의 일부에만 존재

하기 때문이다.

D. 장해가 물질(예, 남용약물, 약물치료)의 생리적 영향이나 다른 의학적 상태로 인한 것이 아니다.

다음의 경우 명시할 것:

**양호한 예후 특징을 동반하는 경우:** 이 명시자는 다음의 4가지 특징 중 최소 2가지가 있어야 한다. 그 특징은 통상적 행동이나 기능에서 처음 눈에 띄는 변화가 생긴 지 4주 이내에 뚜렷한 정신병적 증상의 발병, 혼돈 혹은 당혹감, 양호한 병전 사회 및 직업 기능, 둔마 혹은 둔화된 정동의 부재 등이다.

**양호한 예후 특징을 동반하지 않는 경우:** 이 명시자는 위 특징 중 둘 이상이 존재하지 않는 경우 적용된다.

다음의 경우 명시할 것:

**긴장증 동반**(정의는 127~128쪽의 다른 정신질환과 연관된 긴장증의 진단기준을 참조할 것)

**부호화 시 주의점:** 동반한 긴장증의 존재를 지정하기 위해서는 조현양상장애와 연관된 긴장증을 위한 추가적 부호 293.89 (F06.1)을 사용한다.

현재의 심각도를 명시할 것:

심각도는 망상, 환각, 와해된 언어, 비정상적 정신운동 행동, 음성 증상 등과 같은 정신병의 일차 증상에 대한 양적 평가를 통해 등급화된다. 이러한 증상 각각은 현재 심각도(지난 7일 중 가장 심한)에 대해 0(증상 없음)부터 4(고도의 증상이 있음)까지의 5점 척도를 이용해 등급화될 수 있다("평가도구" 장의 정신병 증상 심각도에 대한 임상가 평정 차원을 참조할 것).

**주의점:** 조현양상장애의 진단은 이러한 심각도 명시자의 사용 없이 내려질 수 있다.

---

이 진단범주에 의하면, 개인의 증상은 조현병 진단기준 A(정신병적 증상)뿐 아니라 조현병 진단범주 D와 E를 충족시켜야 한다(다른 정신장애, 남용물질, 그리고 다른 의학적 장애들은 장애의 원인으로서 배제되어야 함). 개인이 새로이 발병된 증상을 가지고 있기 때문에 포괄적인 평가가 이루어지는 동안 배제를 위한 대안적 설명이 요구된다.

임상가는 개인의 예후 양상(예, 급성 발병, 혼돈 또는 당혹감, 양호한 병전 기능 상태, 그리고 정동둔마 결여)이 좋은지 명시해야 한다. 이 모든 것은 연구를 통해 좋은 예후와 상관관계가 있는 것으로 확인된 증상들이다. 긴장증 양상이 발현된다면 반드시 명시되어야 한다. 현재의 심각도 역시 명시되어야 한다.

## 조현병

DSM-5에서 조현병은 ① 망상, 환각, 음성 증상(예, 감소된 정서표현 또는 무의욕증 avolition), ② 사회적, 직업적, 또는 대인 간 기능 악화, ③ 적어도 6개월간 지속적인 장해 징후 같은 일단의 특징적 증상으로 정의된다. 조현병의 특정한 증상(또는 질병 징후 pathognomic)은 없다. 따라서서 이 장애의 경계 설정은 복잡하다.

크래펠린(Kraepelin 1919)은 조현병을 조발성 치매 dementia praecox 라고 명명함으로써 조현병에 대해 최초로 조리 있는 정의를 내린 인물로 알려져 있다. 그는 만성 및 악화 경과를 동반한 정신병적 증상이 특징인 조기 발병 질환으로 개념화하였다. 또한 전 생애에 걸쳐 발병되고, 보다 많은 삽화성 경과를 지닌 조울증에서 조현병을 분리해 내는 데 있어서 중요한 역할을 했다. 크래펠린이 정신병적 증상과 악화 경과를 강조한 것은 만성 증상과 좋지 않은 예후를 가진 좁은 범위의 일단의 심각한 상태의 환자들을 식별하는 데 도움이 되었다. 1911년 조발성 치매는 결국 블로일러(Bleuler, 1950)에 의해 조현병이라는 명칭으로 바뀌었다. 이는 심적 과정 psychic processes 의 "분열 splitting"로 본 인지 손상을 강조하기 위함이었다. 블로일러는 정동둔마, 연합장해 association disturbance (예, 특이하고 왜곡된 사고), 자폐증, 그리고 우유부단성(양가성)을 포함한 특정 증상들을 이 질환의 기초적인 증상으로 보았다. 그는 경과의 중요성을 낮추고, 망상과 환각을 부수적인 증상으로 간주했다. 이 증상들이 다른 장애들에서도 발생할 수 있다는 이유에서였다. 블로일러의 이러한 견해는 그가 강조한 기초 증상("4A")의 중요성을 배운 미국과 유럽의 정신과 의사들이 받아들였고, 여러 세대에 걸쳐 임상 장면에 적용되어 오고 있다. 이러한 증상들은 부정확했기 때문에 이들은 훨씬 더 이질적인 집단의 환자들에 대해 정의를 내렸고(이 환자들은 크래펠린이 확인한 환자들에 비해 증상이 훨씬 더 경미한 환자들이었음), 점차 조현병의 범위를 넓히는 데 기여하였다.

쿠르트 슈나이더(Kurt Schneider 1959)의 아이디어는 조현병의 개념을 비교적 심각한 정신병적 장애로 재조형하는데, 즉 크래펠린의 오리지널 아이디어로 되돌리는 데 기여했다. 그는 "일급first-rank" 정신병적 증상이 비교적 구체적이어서 조현병을 다른 장애들과 구별하는 데 도움이 되는 것으로 생각한다고 기술했다. 이러한 증상으로는 사고주입thought insertion, 사고위축thought withdrawal, 사고방송thought broadcasting, 다른 사람과(또는 사람에 관한) 소통하는 목소리, 그리고 외적 통제를 받고 있다는 망상(예, 수동성passivity 망상)이 포함된다. 조현병에 대한 슈나이더의 설명은 한 가지 이상의 이러한 정신병적 증상의 발현을 강조한 것이었고, 이 질환의 정의에 있어서 단면적인 것이었다. 그 후의 연구에서는 이러한 "슈나이더식" 증상들은 특별히 구체적인 것은 아니었지만(Nordgaard et al. 2008), 슈나이더의 견해는 명성을 얻었고, "괴이성bizarre" 망상과 특정 환각에 대한 특수치료와 함께 DSM-III, DSM-III-R 그리고 DSM-IV에 영향을 주었다.

DSM-5에 있어서 조현병 진단범주에 사소한 변화가 있었다. 주요 변화 또는 괴이한 망상과 목소리 대화 같은 특정 환청을 포함해서 슈나이더식의 일급 증상들의 특별한 상태가 삭제되었다. 또한 조현병 아형 삭제에 대한 권고가 있었다. 작업집단 구성원들은 편집증과 구별되지 않는 아형들만이 빈도수와 함께 사용될 뿐 고전적인 아형들이 이 장애의 이질성에 대해 이렇다 할 설명을 제공하지 못하였고, 진단적 안정성이 떨어진다는 의견에 동의하였다.

**조현병 진단기준 295.90 (F20.9)**

A. 다음 증상 중 2가지(혹은 그 이상)가 1개월(성공적으로 치료가 되면 그 이하)의 기간의 상당 부분의 시간에 존재하고, 이들 중 최소한 하나는 (1), (2), 혹은 (3)이어야 한다.

1. 망상
2. 환각

3. 와해된 언어(예, 빈번한 탈선 혹은 지리멸렬)
4. 극도로 와해된 또는 긴장성 행동
5. 음성 증상(예, 감퇴된 감정표현 혹은 무의욕증)

B. 장해의 발병 이래 상당 부분의 시간 동안 일, 대인관계 혹은 자기관리 같은 주요 영역의 한 가지 이상에서 기능 수준이 발병 전 성취된 수준 이하로 현저하게 저하된다(혹은 아동기 또는 청소년기에 발병하는 경우, 기대 수준의 대인관계적 · 학문적 · 직업적 기능을 성취하지 못함).
C. 장해의 지속적 징후가 최소 6개월 동안 계속된다. 이러한 6개월의 기간은 진단기준 A에 해당하는 증상(예, 활성기 증상)이 있는 최소 1개월(성공적으로 치료되면 그 이하)을 포함해야 하고, 전구기 증상이나 잔류기 증상의 기간을 포함할 수 있다. 이러한 전구기나 잔류기 동안 장해의 징후는 단지 음성 증상으로 나타나거나, 진단기준 A에 열거된 증상의 2가지 이상이 약화된 형태(예, 이상한 믿음, 흔치 않은 지각 경험)로 나타날 수 있다.
D. 조현정동장애와 정신병적 양상을 동반한 우울 또는 양극성 장애는 배제된다. 왜냐하면 ① 주요우울 또는 조증 삽화가 활성기 증상과 동시에 일어나지 않기 때문이거나, ② 기분 삽화가 활성기 증상 동안 일어난다고 해도 병의 활성기 및 잔류기 전체 지속기간의 일부에만 존재하기 때문이다.
E. 장해가 물질(예, 남용약물, 약물치료)의 생리적 영향이나 다른 의학적 상태로 인한 것이 아니다.
F. 자폐스펙트럼장애나 아동기 발병 의사소통장애의 병력이 있는 경우, 조현병의 추가 진단은 조현병의 다른 필요 증상에 더하여 뚜렷한 망상이나 환각이 최소 1개월(성공적으로 치료되면 그 이하) 동안 있을 때에만 내려진다.

다음의 경우 명시할 것:
다음의 경과 명시자들은 장애 지속기간이 1년이 지난 후에, 그리고 진단적 경과 기준에 반대되지 않을 경우에만 사용되는 것이다.

**첫 삽화, 현재 급성삽화 상태:** 정의된 진단적 증상과 시간 기준에 합당한 장애의 첫 발현. 급성삽화란 증상 기준이 충족되는 시간적 기간을 일컫는다.

**첫 삽화, 현재 부분관해 상태:** 부분관해란 앞 삽화 이후 호전이 유지되고 정의된 장애 기준이 부분적으로만 충족되는 시간적 기간을 일컫는다.

**첫 삽화, 현재 완전관해 상태:** 완전관해란 앞 삽화 이후 더 이상 장애 특이적 증상이 존재하지 않는 시간적 기간을 일컫는다.

**다중 삽화, 현재 급성삽화 상태:** 다중 삽화는 최소 2회의 삽화(예, 첫 삽화 이후 관해와 최소 1회의 재발) 이후에 결정될 수 있다.

**다중삽화, 현재 부분관해 상태**

**다중삽화, 현재 완전관해 상태**

지속적인 상태: 장애의 진단적 증상 기준을 충족하는 증상들이 질병 경과의 대부분에서 그대로 남아 있고, 역치 아래의 증상기간은 전체 경과에 비해 매우 짧다.
명시되지 않는 경우

다음의 경우 명시할 것:
긴장증 동반(정의는 127~128쪽의 다른 정신질환과 연관된 긴장증의 진단기준을 참조할 것)
부호화 시 주의점: 동반한 긴장증의 존재를 지정하기 위해서는 조현병과 연관된 긴장증을 위한 추가 부호 293.89 (F06.1)를 사용한다.

현재의 심각도를 명시할 것:
심각도는 망상, 환각, 와해된 언어, 비정상적 정신운동 행동, 음성 증상 같은 정신병의 일차 증상에 대한 양적 평가를 통해 등급화된다. 이러한 증상 각각은 현재 심각도(지난 7일 중 가장 심한)에 대하여 0(증상 없음)부터 4(고도의 증상이 있음)까지의 5점 척도를 이용해 등급화될 수 있다("평가도구" 장의 정신병 증상 심각도에 대한 임상가 평정 차원을 참조할 것).
주의점: 조현병의 진단은 이러한 심각도 명시자의 사용 없이 내려질 수 있다.

## 진단기준 A

2가지 필수 증상 중 적어도 한 가지는 망상, 환각, 또는 와해된 언어가 있어야 한다. 이 3가지는 조현병 진단에 필요하다고 여겨지는 신뢰성이 높게 진단되는 핵심적인 "양성 증상"이어야 한다. DSM-IV에서는 증상이 괴이한 망상 또는 "원발성" 환각이라면, 오직 한 가지 증상만이 필수로 요구되었다. 괴이한 망상과 원발성 환각은 진단적 구체성이 거의 없고 신뢰도 역시 낮기 때문에(Bell et al. 2006), 이러한 "양성 증상"은 현재 진단적 시사점의 측면에서 다른 것과 동일하게 다루어지고 있다. 즉, 다른 특징적 증상들과 마찬가지로, 조현병의 진단에는 진단기준 A의 2가지 증상이 발현될 필요가 있다. 이러한 변화로 긴장증과 음성 증상들만이 있는 사람들이 조현병 진단을 받지 않게 되었다.

조현병에 있어서 정동적 비정상성의 성질을 보다 잘 기술하기 위해 진단기준 A의 증상들 중 5번째 특징적 유형—음성 증상—은 정동둔마, 무언증alogia, 또는 무의욕증avolition(DSM-IV에서와 같이)에서 "정서표현 감소 또는 무의욕증"으로 바뀌었다. 제한된 정동을 강조하기 위한 이러한 변화는 개인의 발현을 명료화하고 보다 정확하게 기술하는 데 도움이 된다.

## 진단기준 B

조현병에는 한 가지 이상의 주요 기능 영역에 있어서의 손상이 포함된다. 전형적으로 기능은 명백히 이전 성취 수준 미만이다. 또는 장해가 아동기 또는 청소년기에 시작되는 경우, 기대되는 기능 수준에 못 미친다.

## 진단기준 C

장해의 징후는 6개월 동안 계속해서 지속되어야 한다. 이 기간에 증상들은 적어도 1개월간 진단기준 A(활성국면 증상들)를 충족시켜야 한다. 전구기 증상들은 흔히 활성기에 나타나고, 잔류기 증상들이 뒤이어 나타난다. 일부 전구기 증상과 잔류기 증상은 경도이거나 역치에 못 미치는 환각 또는 망상 형태를 띤다. 이 장애가 있는 사람들은 망상에 해당되지 않는 다양하게 특이하거나 괴이한 신념을 표출한다. 이러한 신념은 흔히 "마법적 사고magical thinking" 또는 "관계사고ideas of reference"로 불린다. 이 장애가 있는 사람들은 특이한 지각 경험을 한다고 보고하기도 한다(예, 눈에 보이지 않는 사람이 있음을 감지함). 이러한 사람들의 말은 일반적으로 이해할 수 있지만, 모호하거나 주제에서 벗어난 지엽적인 특징이 있다. 반면, 행동은 특이하면서도 총체적으로 와해된 상태는 아니다(예, 공공장소에서 혼자 중얼거림). 음성 증상들은 전구기와 잔류기에 흔히 나타나며, 심각한 상태인 경우도 있다.

## 진단기준 D

기분 증상과 기분 삽화들이 흔히 나타나고 활성기 증상들과 동반 발생하기도 하지만, 조현병이 있는 사람들은 기분 삽화가 없는 상태에서 망상 또는 환각이 나타난다. 또는 기분 삽화의 총 기간이 이 질환의 활성기와 잔류기의 총 기간 중 극히 일부 기간에 한해서 나타나야 한다. 그렇지 않으면 조현정동장애가 보다 적절한 진단이다.

## 진단기준 E

조현병 진단을 내리기에 앞서, 임상가는 정신병적 증상과 함께 발현되는 매우 다양한 의학적 상태들을 배제해야 한다. 또한 약물로 유발된 정신병과 섬망 또는 다른 의학적 상태(예, 뇌전증epilepsy, 뇌종양, 염증성 뇌장애)로 인한 정신병을 배제해야 한다.

## 진단기준 F

만일 개인이 자폐스펙트럼장애 또는 아동기발병 의사소통장애의 병력이 있다면, 현저한 망상 또는 환각이 있는 경우에 한해서 조현병으로 진단될 수 있다. 또한 다른 경우에는 적어도 1개월간(또는 성공적으로 치료된 경우에는 1개월 미만) 발현된 조현병 증상이 필수로 요구된다.

## 명시자

이 질환의 경과를 더 잘 기술하기 위해 다수의 명시자가 제공된다. 만일 전체 증후군이 발현되는 경우, 긴장증이 명시되어야 한다. 종전에 긴장형 조현병 진단으로 이어졌던 긴장증 행동은 이젠 진단기준 A4에 제시되어 있다. 이는 "극도로 와해된 또는 긴장증 행동"의 발현을 포함하고 있다. 만일 개인의 증상이 현저하게 긴장증 상태라면, 다음과 같은 추가 진단범주들, 즉 다른 정신장애, 다른 의학적 상태로 인한 긴장성장애, 그리고 명시되지 않는 긴장증과 연관된 긴장증이 고려되어야 한다.

## 조현정동장애

조현정동schizoaffective이라는 말은 제이컵 카사닌(Jacob Kasanin 1933)이 정신병적 증상과 기분 증상이 혼재된 심각한 상태에 있는 환자들의 소집단을 묘사하기 위해 처음 사용한 용어다. DSM-5에서 조현정동장애의 전형적인 특징은 조현병 진단기준 A(환각, 망상, 와해된 언어, 극도로 와해된 행동, 긴장증 행동, 또는 음성 증상들)를 충족시키는 정신병적 증상들과 동반 발생하는 주요우울 삽화 또는 조증 기분 삽화의 발현이다. 추가로, 기분 증상은 이 장애의 현저한 특징이 되어야 하고, 가벼운 상태가 아니어야 한다. 다른 의학적 상태, 남용물질, 그리고 약물치료를 포함해서 이 증상의 다른 원인들은 배제되어야 한다. 증상은 전형적으로 동반 발현되거나, 때로 번갈아 나타나기도 한다. 정신병적 증상은 기분과 일치하거나 일치하지 않을 때도 있다.

조현정동장애는 오래전부터 정신의학 장면에서 중요한 역할을 해 왔지만, 낮은 신뢰도로 인해 이 장애로 진단을 내리는 데 어려움이 있었다. 이러한 상황은 이 진단이 DSM-III에 포함되었지만, 진단범주가 그리 기능적이지 못했던 1980년에 시작되었다. 대신, 이 진단이 사용된 2가지 임상 사례만이 기술되었을 뿐이었다. 진단범주는 DSM-III-R에 소개되었고, 이러한 상황은 대체로 아무런 변화 없이 DSM-IV까지 이어졌다. 진단범주에는 기분 증상들이 이 질환의 "총 기간의 상당 부분" 동안 발현되어야 한다고 명시되어 있었지만, 임상가들이 이 질환으로 진단하기 위해서는 기분 증상 기간이 얼마 동안 지속되어야 하는지 판단할 수 있도록 돕기 위한 안내는 거의 없었다. 이러한 공백은 이젠 다음과 같은 문구로 채워졌다. 즉, 주요 기분 삽화는 이 질환의 활성기와 잔류기 전체 기간의 대부분 동안 발현되어야 한다(예, 진단기준 A가 충족된 이후의 시간). 이러한 변화는 임상가들에게 환자가 기분 증후군을 겪는 시간의 부분에 관한 지침을 제공함으로써 이 장애의 경계를 명확하게 설정하는 데 도움을 주었다.

## 조현정동장애 진단기준

A. 조현병의 연속 기간 동안 조현병의 진단기준 A와 동시에 주요 기분(주요우울 또는 조증) 삽화가 있다.
  **주의점:** 주요우울 삽화는 진단기준 A1: 우울 기분을 포함해야 한다.
B. 평생의 유병기간 동안 주요 기분(주요우울 또는 조증) 삽화 없이 존재하는 2주 이상의 망상이나 환각이 있다.
C. 주요 기분 삽화의 기준에 맞는 증상이 병의 활성기 및 잔류기 부분의 전체 지속기간의 대부분 동안 존재한다.
D. 장해가 물질(예, 남용약물, 약물치료)의 영향이나 다른 의학적 상태로 인한 것이 아니다.

다음 중 하나를 명시할 것:
  295.70 (F25.0) **양극형:** 이 아형은 조증 삽화가 발현 부분일 경우에 적용됨. 주요우울 삽화도 일어날 수 있다.
  295.70 (F25.1) **우울형:** 이 아형은 단지 주요우울 삽화만이 발현 부분일 경우에 적용된다.

다음의 경우 명시할 것:
  **긴장증 동반**(정의는 127~128쪽의 다른 정신질환과 연관된 긴장증의 진단기준을 참조할 것)
    **부호화 시 주의점:** 동반한 긴장증의 존재를 지정하기 위해서는 조현정동장애와 연관된 긴장증을 위한 추가 부호 293.89 (F06.1)을 사용한다.

다음의 경우 명시할 것:
다음의 경과 명시자들은 장애 지속기간이 1년이 지난 후에, 그리고 진단적 경과 기준에 반대되지 않을 경우에만 사용되는 것이다.
  **첫 삽화, 현재 급성삽화 상태:** 정의된 진단적 증상과 시간 기준에 합당한 장애의 첫 발현. 급성삽화란 증상 기준이 충족되는 시간적 기간을 일컫는다.
  **첫 삽화, 현재 부분관해 상태:** 부분관해란 앞 삽화 이후 호전이 유지되고, 정의된 장애 기준이 부분적으로만 충족되는 시간적 기간을 일컫는다.
  **첫 삽화, 현재 완전관해 상태:** 완전관해란 앞 삽화 이후 더 이상 장애 특이적 증상이 존재하지 않는 시간적 기간을 일컫는다.
  **다중 삽화, 현재 급성삽화 상태:** 다중 삽화는 최소 2회의 삽화(예, 첫 삽화 이후 관해와 최소 1회의 재발) 이후에 결정될 수 있다.
  **다중 삽화, 현재 부분관해 상태**
  **다중 삽화, 현재 완전관해 상태**
  **지속적인 상태:** 장애의 진단적 증상 기준을 충족하는 증상들이 질병 경과의 대부분에서 그대로 남아 있고, 역치 아래의 증상기간은 전체 경과에 비해 매우 짧다.
  **명시되지 않는 경우**

현재의 심각도를 명시할 것:

심각도는 망상, 환각, 와해된 언어, 비정상적 정신운동 행동, 음성 증상 같은 정신병의 일차 증상에 대한 양적 평가를 통해 등급화된다. 이러한 증상 각각은 현재 심각도(지난 7일 중 가장 심한)에 대하여 0(증상 없음)부터 4(고도의 증상이 있음)까지의 5점 척도를 이용해 등급화될 수 있다("평가도구" 장의 정신병 증상 심각도에 대한 임상가 평정 차원을 참조할 것).

주의점: 조현정동장애의 진단은 이러한 심각도 명시자의 사용 없이 내려질 수 있다.

## 진단기준 A

정신병적 증상과 기분 증상의 발현은 조현정동장애의 핵심 증상이다. 주요우울 증상 또는 조증 증상이 (조현병의) 진단기준 A 정신병적 증상들과 동반 발병되는 지속적인 기간이 있어야 한다. 실제로, 대부분의 사람까지는 아니더라도 많은 사람의 경우, 증상이 중첩되는 실제 기간은 며칠 또는 몇 주가 아닌 몇 개월 또는 몇 년의 문제다.

## 진단기준 B

DSM-5에서 중요한 변화는 정신병적 증상이 DSM-IV에서처럼 "동일한 유병기간 동안 보다 평생의 유병기간 동안"에 기분(우울 또는 조증) 삽화가 없는 상태에서 2주 이상의 기간에 발현되어야 한다는 것이다. 이러한 변화는 조현정동장애 진단은 이 질환의 존속기간 나타나는 정신병적 증상과 기분 증상의 평가에 기초해야 한다는 것을 명확히 하고자 하는 목적에 의해 촉발되었다. DSM-IV에서 "유병기간"은 (진단기준 A를 충족시키기 위해서는) 최소한 이 질환이 적어도 1개월간 또는 최대한 평생 유병기간까지 지속되어야 함을 의미했다. DSM-IV의 저자들은 진단의 신뢰성을 높이기 위해 진단을 주어진 삽화에 국한하였다. 이러한 조치는 한 사람이 질환을 겪고 있는 동안 시점에 따라 조현정동장애, 조현양상장애, 조현병, 또는 정신병적 기분장애 진단을 받게 되는 결과를 초래하였다.

## 진단기준 C

DSM-IV에서 "병의 활성기 및 잔류기의 전체 지속기간의 상당 부분"이라는 문구는 "병의 활성기 및 잔류기 부분의 전체 지속기간의 대부분"으로 대체되었다. 이러한 변화는 진단기준의 낮은 신뢰도와 제한된 임상적 활용 때문에 필요한 조치였다. 더욱이, 기분 증상과 정신병적 증상의 상대적인 부분은 시간 경과에 따라 변화할 수 있고, 임상가와 연구자들은 흔히 이 진단기준을 적용할 때 서로 다른 역치를 사용하였기 때문이었다. 몇몇 규모가 큰 연구에서 연구자들은 이 수치를 기분 삽화의 전체 지속기간의 30%로 설정하였다. 그러나 현장실험 데이터를 검토하고 나서, 정신병적 장애 작업집단은 '대부분majority'이라는 단어가 가리키는 역치를 ≥50%로 권장하였다. 또한 DSM-5에 새롭게 추가된 진단기준 C에서는 현재의 유병기간뿐 아니라 정신병적 장애의 전체 경과에 걸쳐 기분 증상에 대한 평가를 필수적으로 요구하고 있다. 만일 기분 증상이 비교적 짧은 기간만 발현된다면, 진단은 조현정동장애보다는 조현병이 된다. 개인이 진단기준 C를 충족시키고 있는지의 여부를 결정할 때, 임상가는 (치료되지 않았거나 항불안제 및/또는 기분 안정을 위한 약물치료가 요구되는) (활성기와 잔류기 증상 둘 다의) 정신병적 질환의 전체 기간을 검토하고, 심각한 기분 증상이 정신병적 증상을 동반한 시기를 결정해야 한다. 이를 위해서는 병력에 관한 정보와 임상적 판단이 필수적으로 요구된다. 예를 들어, 4년간 조현병의 활성기 및 잔류기 증상의 병력이 있는 사람은 정신병적 질환 4년간의 병력 동안 1년 이상 동반 지속되지 않는 우울과 조증 삽화를 발달시킨다. 이러한 발현은 진단기준 C에 부합되지 않을 것이다. 이 예에서의 진단은 조현병이고, 중첩되어 나타나는 우울 삽화를 고려해서 주요우울장애 진단을 추가한다.

## 진단기준 D

이러한 장해는 의학적 질환, 약물치료, 그리고 남용약물로 인한 것이 아니어야 한다.

### 아형 및 명시자

임상가는 증상 발현에 조증(양극성) 삽화가 포함되어 있는지 또는 주요우울(우울형) 삽화만이 발생하고 있는지의 여부를 제시해야 한다. 긴장증 발현은 명시되어야 하고, 경과와 현재 심각도 역시 명시되어야 한다.

## 물질/약물치료로 유발된 정신병적 장애

물질/약물치료로 유발된 정신병적 장애substance/medication-induced psychotric disorder의 필수적인 특징은 망상 또는 환각(진단기준 A)의 물질 또는 약물치료 영향과 관련성이 원인 여부에 따라 판단된다는 점이다. 그 이유는 망상이나 환각이 물질 중독이나 금단 동안 또는 직후에 발생하거나 약물치료에의 노출로 인해 발생하기 때문이다(진단기준 B). 끝으로, 이러한 장해는 독립적인 정신병적 장애로 더 잘 설명되지 않아야 한다(진단기준 C). 진단범주는 명료성과 가독성을 높이기 위해 수정되었으나, DSM-IV로부터 크게 달라지지 않았다. 이 진단은 증상들이 중독 또는 금단 증후군과 연관성이 있는 것들을 초과하는 경우에 사용된다. 예를 들어, 환각은 알코올금단 섬망기간에 발생할 수 있기 때문에 추가로 물질로 유발된 정신병적 장애로 진단 내리는 것은 적절하지 않다.

이 진단은 물질을 남용하는 사람들에게뿐만 아니라 병원 또는 클리닉에서 흔히 내려진다. 이러한 곳에서는 약물치료가 흔히 정신병적 증상 유발의 원인이 되기 때문이다. 이 장애의 시작은 물질과 약리학적 특성에 따라 크게 다르다. 예를 들어, 다량의 코카인 흡입은 수 분 내에 정신병을 야기시킬 수 있지만, 알코올이나 진정제를 통해 정신병을 유발시키려면 다량의 알코올 또는 진정제를 며칠 또는 몇 주 동안 사용해야 할 것이다. 환각은 어떤 양상에서든지 발생할 수 있지만, 섬망이 없는 상태에서는 흔히 환청이 나타날 수 있다. 알코올로 유발된 정신병적 장애는 보통 알코올사용장애가 있는 사람들에게서 다량의 알코올을 장기간(일반적으로 수년간) 사용한 이후에만 나타난다. 자극제 약물치료는 피해망상을 유발시킨다고 알려져 있다. 이는 자극제(예, 암페타민, 메타암페타민) 사용 직후 급격히 발생한다. 물질 또는 약물치료로 유발된 정신병적 장애는 보통 악화 약제의 영향이 소멸될 때 해소된다. 그렇지만 일부 사례에서 이 장애는 환자가 항정신병 약물치료로 치료를 받을 때조차 몇 주 또는 몇 개월간 지속되기도 한다.

진단부호 기록은 물질의 부류에 따라 결정된다. 보다 상세한 명시에는 증상이 중독 또는 금단 기간에 발병되었는지의 여부와 현재의 심각도가 포함된다.

### 물질/약물치료로 유발된 정신병적 장애 진단기준

A. 다음 증상 중 한 가지 혹은 둘 다 존재한다.

1. 망상
2. 환각

B. 병력, 신체검진, 또는 검사 소견에 (1)과 (2) 둘 다의 증거가 있다.

1. 진단기준 A의 증상이 물질중독이나 물질금단 동안 혹은 직후에, 혹은 약물치료 노출 후에 발생함
2. 수반된 물질/약물치료가 진단기준 A의 증상을 일으킬 만한 능력이 있음

C. 장해가 물질/약물치료로 유발된 것이 아닌 정신병적 장애로 더 잘 설명되지 않는다. 독립적인 정신병적 장애라는 증거로 다음이 포함될 수 있다.
증상이 물질/약물치료 사용 시작보다 선행한다. 증상이 급성 금단 혹은 심한 중독의 중단 이후에도 상당한 기간(예, 약 1개월) 계속된다. 혹은 물질/약물치료로 유발된 것이 아닌 독립적인 정신병적 장애의 다른 증거(예, 재발성 비물질/약물치료 관련 삽화의 병력)가 있다.

D. 장해가 섬망의 경과 중에만 발생하지는 않는다.

E. 장해가 사회적, 직업적, 또는 다른 중요한 기능 영역에서 임상적으로 현저한 고통이나 손상을 초래한다.

**주의점:** 이 진단은 진단기준 A의 증상이 임상 양상에서 두드러지고 임상적 주목을 보증할 정도로 충분히 심할 때에만 물질중독이나 물질금단의 진단 대신에 내려져야 한다.

**부호화 시 주의점:** [특정 물질/약물치료]로 유발된 정신병적 장애에 대한 ICD-9-CM과 ICD-

10-CM 부호는 다음 표에 제시되어 있다. ICD-10-CM 부호는 동일 종류의 물질에 대한 물질사용장애의 동반이환 여부에 따라 달라진다는 점에 주의한다. 만약 경도의 물질사용장애가 물질로 유발된 정신병적 장애와 동반이환된다면, 4번째 자리의 글자는 "1"이고, 임상가는 물질로 유발된 정신병적 장애 앞에 "경도 [물질]사용장애"를 기록해야 한다(예, 경도 코카인사용장애, 코카인으로 유발된 정신병적 장애 동반). 만약 중등도 또는 고도 물질사용장애가 물질로 유발된 정신병적 장애와 동반이환된다면, 4번째 자리의 글자는 "2"이고, 임상가는 동반이환하는 물질사용장애의 심각도에 따라 "중등도 [물질]사용장애 또는 고도 [물질]사용장애"를 기록해야 한다. 만약 동반이환하는 물질사용장애가 없다면(예, 1회의 심한 물질 사용 후), 4번째 자리의 글자는 "9"이며 임상가는 물질로 유발된 정신병적 장애만을 기록해야 한다.

| | | ICD-10-CM | | |
|---|---|---|---|---|
| | ICD-9-CM | 사용장애 경도 | 사용장애 중등도 또는 고도 | 사용장애 없음 |
| 알코올 | 291.9 | F10.159 | F10.259 | F10.959 |
| 대마 | 292.9 | F12.159 | F12.259 | F12.959 |
| 펜시클리딘 | 292.9 | F16.159 | F16.259 | F16.959 |
| 기타 환각제 | 292.9 | F16.159 | F16.259 | F16.959 |
| 흡입제 | 292.9 | F18.159 | F18.259 | F18.959 |
| 진정제, 수면제 또는 항불안제 | 292.9 | F13.159 | F13.259 | F13.959 |
| 암페타민(또는 기타 자극제) | 292.9 | F15.159 | F15.259 | F15.959 |
| 코카인 | 292.9 | F14.159 | F14.259 | F14.959 |
| 기타(또는 미상의) 물질 | 292.9 | F19.159 | F19.259 | F19.959 |

**다음의 경우 명시할 것**(물질 종류와 연관된 진단을 위해서는 "물질관련 및 중독 장애" 장의 표 1을 참조할 것):

**중독 중 발병:** 기준이 물질중독에 맞고, 증상이 중독 동안에 발생하는 경우

**금단 중 발병:** 기준이 물질금단에 맞고, 증상이 금단 동안 혹은 금단 직후 발생하는 경우

**현재의 심각도를 명시할 것:**

심각도는 망상, 환각, 와해된 언어, 비정상적 정신운동 행동, 음성 증상 등과 같은 정신병의 일차 증상에 대한 양적 평가를 통해 등급화된다. 이러한 증상 각각은 현재 심각도(지난 7일 중 가장 심한)에 대해 0(증상 없음)부터 4(고도의 증상이 있음)까지의 5점 척도를 이용해 등급화될 수 있다("평가도구" 장의 정신병 증상 심각도에 대한 임상가 평정 차원을 참조할 것).

**주의점:** 물질/약물치료로 유발된 정신병적 장애의 진단은 이러한 심각도 명시자의 사용 없이 내려질 수 있다.

### 진단기준 A

DSM-IV에서의 경우, 만일 개인이 자신의 환각이 물질 또는 약물치료로 유발되었음을 인식하고 있다면, 환각은 이 진단의 필수요건으로 간주되지 않았다. 이 기준은 더 이상 적용되지 않는다.

### 진단기준 B

망상 및/또는 환각은 물질 중독 또는 금단 "기간 동안 또는 직후" 또는 다른 약물치료가 노출된 후에 발달되어야 한다. 그리고 이러한 물질/약물치료는 정신병을 유발시키는 속성을 지니고 있어야 한다. 이러한 언어는 "병인학적으로 관련된"이라는 문구를 사용했던 DSM-IV에서보다 더 구체적이다

### 진단범주 C, D, E

이 진단기준에는 물질 사용과 정신병 사이의 추정에 의한 관계에 대해 의구심이 드는 상황에 대한 개요가 명시되어 있다. 예를 들어, 만일 증상이 물질 또는 약물치료 사용 전에 발현되었다면, 이는 정신병이 물질로 인해 유발되지 않았을 가능성이 있다. 섬망은 정신병의 원인으로 배제되어야 한다. 이 경우, 섬망은 분리해서 기록되어야 한다. 이 장해는 임상적으로 심각한 고통 또는 손상의 원인이 되어야 한다.

## 다른 의학적 상태로 인한 정신병적 장애

이 진단은 비교적 DSM-IV로부터 변화되지 않았다. 단, 예외가 있다면 심각한 고통 또는 손상이 있음을 인정하기 위해 진단기준 E를 추가한 것이다. 게다가, 이 장애가 다른 의학적 상태의 직접적인 병리생리학적 결과라는 증거가 있어야 한다.

그리고 이 장애가 섬망 경과에서 독자적으로 발생한 것이 아니어야 한다(그렇지 않으면 진단은 섬망이 되어야 함). 진단부호는 망상 또는 환각이 현저한 증상인지의 여부에 기초해야 한다. 더욱이, 의학적 장애의 명칭은 정신장애의 명칭에 포함되어 있다(예, 악성 폐종양으로 인한 정신병적 장애). 현재의 심각도 역시 기록되어야 한다.

## 다른 의학적 상태로 인한 정신병적 장애 진단기준

A. 뚜렷한 환각 혹은 망상

B. 장해가 다른 의학적 상태의 직접적인 병태생리학적 결과라는 증거가 병력, 신체검진 또는 검사 소견에 있다.

C. 장해가 다른 정신질환으로 더 잘 설명되지 않는다.

D. 장해가 섬망의 경과 중에만 발생하지는 않는다.

E. 장해가 사회적, 직업적, 또는 다른 중요한 기능 영역에서 임상적으로 현저한 고통이나 손상을 초래한다.

다음 중 하나를 명시할 것:

두드러진 증상에 기초한 부호

293.81 (F06.2) **망상 동반:** 망상이 두드러진 증상인 경우

293.82 (F06.0) **환각 동반:** 환각이 두드러진 증상인 경우

**부호화 시 주의점:** 정신질환의 명칭에 기타 의학적 상태의 명칭을 포함시킨다(예, 293.81 [F06.2] 악성 폐암으로 인한 정신병적 장애, 망상 동반). 기타 의학적 상태는 의학적 상태로 인한 정신병적 장애 바로 앞에 부호와 명칭을 별도로 기재해야 한다(예, 162.9 [C34.90] 악성 폐암; 293.81 [F06.2] 악성 폐암으로 인한 정신병적 장애, 망상 동반).

현재의 심각도를 명시할 것:

심각도는 망상, 환각, 와해된 언어, 비정상적 정신운동 행동, 음성 증상 등과 같은 정신병의 일차 증상에 대한 양적 평가를 통해 등급화된다. 이러한 증상 각각은 현재 심각도(지난 7일 중 가장 심한)에 대하여 0(증상 없음)부터 4(고도의 증상이 있음)까지의 5점 척도를 이용해 등급화 될 수 있다("평가도구" 장의 정신병 증상 심각도에 대한 임상가 평정 차원을 참조할 것).

**주의점:** 다른 의학적 상태로 인한 정신병적 장애의 진단은 이러한 심각도 명시자의 사용 없이 내려질 수 있다.

# 다른 정신질환과 연관된 긴장증(긴장증 명시자)

다른 정신질환과 연관된 긴장증(긴장증 명시자)catatonia associated with another mental disorder(catatonia specifier)은 신경발달장애, 정신병적 장애, 양극성장애, 우울장애, 또는 다른 정신질환의 경과 동안 진단범주가 긴장증에 부합될 때 사용된다. 긴장증 명시자는 임상상이 뚜렷한 정신운동성 장해가 특징이고, 진단기준 A에 제시된 12가지 진단적 특징 가운데 적어도 3가지가 포함될 때 적절하다. 긴장증은 조현병 사례의 1/3 이상 발생하는 반면, 긴장증 사례의 대부분은 기분장애가 있는 환자들에게서 발생한다. 이러한 이유로 긴장증은 DSM-IV에서는 주요 기분장애의 삽화 명시자로서 추가되었다. 긴장증 증상들은 예후 및 치료적 의미가 있기 때문에 인식될 필요가 있다. 신경마비성 악성증후군의 발현은 심각할 정도의 복잡성 때문에 배제되어야 한다. 이 장애의 명칭을 기록하는 경우, 연관된 정신장애의 명칭이 포함되어야 한다(예, 조현정동장애와 연관된 긴장증).

**다른 정신질환과 연관된 긴장증(긴장증 명시자) 진단기준 293.89 (F06.1)**

A. 다음 증상 중 3가지(혹은 그 이상)가 임상 양상에서 뚜렷하다.

1. 혼미(즉, 정신운동 활동이 없음, 주변에 대한 능동적 관여가 없음)
2. 강경증(즉, 중력에 반해 유지되는 자세의 수동적 유도)
3. 납굴증(즉, 검사자가 취하게 하려는 자세에 대한 약한 저항)
4. 함구증(즉, 언어 반응이 없거나 아주 적음[실어증을 배제해야 함])
5. 거부증(즉, 지시나 외부 자극에 반대 혹은 무반응)
6. 자세유지증(즉, 중력에 반한 자세의 자발적 · 능동적 유지)
7. 매너리즘(즉, 정상 행위의 이상하고 상세한 희화화)
8. 상동증(즉, 반복적, 비정상적으로 빈번한, 비목표 지향적 운동)
9. 초조, 외부 자극에 의해 영향을 받지 않음
10. 찡그림
11. 반향언어증(즉, 다른 사람의 말을 따라 함)
12. 반향동작증(즉, 다른 사람의 행동을 따라 함)

**부호화 시 주의점:** 이 상태의 명칭을 기록할 때, 연관된 정신질환의 명칭을 명시한다(예, 293.89 [F06.1] 주요우울장애와 연관된 긴장증). 연관된 정신질환(예, 신경발달장애, 단기 정신병적 장애, 조현양상장애, 조현병, 조현정동장애, 양극성장애, 주요우울장애, 다른 정신질환)의 부호를 먼저 적는다(예, 295.70 [F25.1] 조현정동 장애, 우울형; 293.89 [F06.] 조현정동 장애와 연관된 긴장증).

# 다른 의학적 상태로 인한 긴장성장애

다른 의학적 상태로 인한 긴장성장애catatonia disorder due to another mental condition는 DSM-IV의 "일반적인 의학적 상태로 인한 정신장애" 장으로부터 옮겨진 것이다. 긴장증은 DSM-IV에서 그랬던 것처럼, 일반적으로 조현병의 아형으로 간주된다. 그러나 연구에 의하면, 긴장증 증상들은 몇 가지 의학적 장애로 인해 발생할 수 있다. 이러한 이유로 일반적인 의학적 상태로 인한 긴장성장애가 DSM-IV의 새로운 범주에 추가되었다. 이 장애의 진단범주는 이 상태로 인해 발생하는 증상과 손상들에 대한 구체성을 높이기 위해 수정되었다.

**다른 의학적 상태로 인한 긴장성장애 진단기준 293.89 (F06.1)**

A. 임상 양상은 다음 증상 중 3가지(혹은 그 이상)에 의해 장악된다.

1. 혼미(예, 정신운동 활동이 없음, 주변에 대한 능동적 관여가 없음)
2. 강경증(예, 중력에 반해 유지되는 자세의 수동적 유도)
3. 납굴증(예, 검사자가 취하게 하려는 자세에 대한 약한 저항)
4. 함구증(예, 언어 반응이 없거나 아주 적음[확실한 실어증이 있다면 적용할 수 없음])
5. 거부증(예, 지시나 외부 자극에 반대 혹은 무반응)
6. 자세유지증(예, 중력에 반한 자세의 자발적·능동적 유지)
7. 매너리즘(예, 정상 행위의 이상한, 상황적 희화화)
8. 상동증(예, 반복적인, 비정상적으로 빈번한, 비목표 지향적 운동)

9. 초조, 외부 자극에 의해 영향을 받지 않음
10. 찡그림
11. 반향언어증(예, 다른 사람의 말을 따라 함)
12. 반향동작증(예, 다른 사람의 행동을 따라 함)

B. 병력, 신체검진 또는 검사 소견에 장해가 다른 의학적 상태의 직접적인 병태생리학적 결과라는 증거가 있다.
C. 장해가 다른 정신질환(예, 조증 삽화)으로 더 잘 설명되지 않는다.
D. 장해가 섬망 경과 중에만 발생하지는 않는다.
E. 장해가 사회적, 직업적, 또는 다른 중요한 기능 영역에서 임상적으로 현저한 고통이나 손상을 초래한다.

**부호화 시 주의점:** 정신질환의 이름에 의학적 상태의 이름을 포함시킨다(예, 293.89 [F06.1] 간성뇌증으로 인한 긴장성장애). 기타 의학적 상태는 의학적 상태로 인한 긴장성장애 바로 앞에 부호와 함께 별도로 기재해야 한다(예, 572.2 [K71.90] 간성뇌증; 293.89 [F06.1] 간성뇌증으로 인한 긴장성장애).

## 진단기준 A

이 진단기준에서는 긴장증의 12가지 전형적인 증상 가운데 3가지 또는 그 이상의 증상이 필수적으로 발현되어야 한다고 요구하고 있다. DSM-IV에서 이 진단범주는 얼마나 많은 증상이 필수적으로 요구되는지에 대해 불분명했다.

## 진단범주 B, C

긴장증 증상은 다양한 의학적 장애와 연관되어 있기 때문에 이 장애와 무관한 의학적 상태들로 인한 것이 아니어야 한다. 이러한 증상들의 신경학적, 전염성, 그리고 기타 잠재적 원인들을 배제하기 위해서는 상세한 의학적 정밀검사가 수반되어야 한다. 예를 들면, 긴장증이 포진herpes 관련 뇌병증encephalopathy에 의한 것으로 결론짓기에 앞서, 임상가는 뇌종양과 기타 질량 병변mass lesions을 배제해야 한다. 긴장증 증상들은 조증 같은 다른 주요 정신장애의 맥락에서 발생할 수 있다. 그리고 이러한 장애들도 마찬가지로 배제할 필요가 있다.

### 진단범주 D, E

만일 이러한 증상들이 섬망의 맥락에 한해서 발생한다면, 섬망이 적절한 진단이 된다. 이 진단기준은 DSM-5에 새롭게 수록된 것이다. 이 진단기준에는 이러한 증상들이 사회적, 직업적, 그리고 기타 중요한 기능 영역에서 심각한 고통 또는 손상의 원인이 되어야 한다고 명시되어 있다.

## 명시되지 않는 긴장증

긴장증 증후군은 정신병적 장애, 우울 및 양극성 장애, 그리고 일반적인 의학적 상태를 비롯한 많은 다른 장애의 맥락 내에서 발생한다. DSM-5에서 긴장증은 더 이상 조현병의 특정 아형으로 수록되어 있지 않다. 대신, 본문에서 다른 의학적 상태로 인한 것으로서, 정신병적 장애 또는 우울장애나 양극성장애로서, 또는 명시되지 않는 긴장증으로서의 긴장성장애로 수록되어 있다.

**명시되지 않는 긴장증**

이 범주는 긴장증의 특징적인 증상들이 사회적, 직업적, 또는 다른 중요한 기능 영역에서 임상적으로 현저한 고통이나 손상을 일으키지만, 기저 정신질환이나 기타 의학적 상태의 본성이 불확실하거나, 긴장증의 완전한 기준을 만족하지 않거나, 혹은 좀 더 특정한 진단을 내리기에 정보가 불충분한(예, 응급실 상황) 발현 징후들에 적용된다.

**부호화 시 주의점:** 먼저 781.99 (R29.818) 신경계와 근골격계를 침범하는 기타 증상의 부호를 붙이고, 뒤이어 293.89 [F06.1] 명시되지 않는 긴장증의 부호를 붙인다.

명시되지 않는 긴장증unspecified catatonia 진단은 긴장증 증상이 있는 사람들이 임상적으로 심각한 고통 또는 손상이 있지만 근본적인 정신장애나 다른 의학적 상태의 성격이 불분명하거나, 긴장성장애의 진단범주에 완전히 부합되지 않거나, 보다 구체적인 진단을 내리는 데에 정보가 불충분할 때 사용된다.

# 달리 명시된 조현병 스펙트럼 및 기타 정신병적 장애와 명시되지 않는 조현병 스펙트럼 및 기타 정신병적 장애

달리 명시된 조현병 스펙트럼 및 기타 정신병적 장애와 명시되지 않는 조현병 스펙트럼 및 기타 정신병적 장애는 증상이 보다 구체적인 범주들 중 하나에 부합되지 않는 사람들을 위한 잔류 범주다. 이 진단범주는 DSM-IV의 달리 명시되지 않는 정신병적 장애를 대체한 것이다.

달리 명시된 조현병 스펙트럼 및 기타 정신병적 장애other specified schizophreaia spectrum and other psychotic disorder는 개인이 고통 또는 손상의 원인이 되는 스펙트럼 장애의 특징적인 증상을 가지고 있지만, 보다 구체적인 장애의 진단범주에 완전히 부합되지 않는 상황에서 사용될 수 있다. 이 사례에서 임상가는 개인의 증상이 진단범주에 부합되지 않는 이유를 소통하고자 선택할 수 있다. DSM-5에는 이 진단이 적절할 수 있는 상황들을 기술하기 위한 구체적인 예들이 제시되어 있다. 명시되지 않는 조현병 스펙트럼 및 기타 정신병적 장애unspecified schzophrenia spectrum and other psychotic disorder의 진단범주는 임상가가 진단범주가 보다 구체적인 장애에 부합되지 않는 이유를 명시하지 않기로 선택하는 경우 또는 보다 구체적인 진단을 내리기에 정보가 불충분한 경우에 사용된다.

**달리 명시된 조현병 스펙트럼 및 기타 정신병적 장애 298.8 (F28)**

이 범주는 사회적, 직업적, 또는 다른 중요한 기능 영역에서 임상적으로 현저한 고통이나 손상을 일으키는 조현병 스펙트럼 및 기타 정신병적 장애의 특징적인 증상들이 두드러지지만, 조현병 스펙트럼 및 기타 정신병적 장애의 진단부류에 속한 장애 중 어느 것에도 완전한 기준을 만족하지 않는 발현 징후들에 적용된다. 달리 명시된 조현병 스펙트럼 및 기타 정신병적 장애 범주는 발현 징후가 어떤 특정 조현병 스펙트럼 및 기타 정신병적 장애의 기준에 맞지 않은 특정한 이유에 대해 소통하기 위해 임상가가 선택한 상황들에서 사용된다. 이는 "달리 명시된 조현병 스펙트럼 및 기타 정신병적 장애"를 기록하고, 이어서 특정한 이유(예, "지속적 환청")를 기록한다.

"달리 명시된"이라는 지정 문구를 사용해 분류될 수 있는 발현 징후들의 예는 다음과 같다.

1. **지속적 환청:** 어떤 다른 특징들 없이 나타남
2. **상당한 중복 기분 삽화를 동반한 망상:** 이는 망상장해의 실질적 부분에 있는 중복 기분 삽화의 기간이 동반된(그래서 망상장애에서 단기성 기분장해만을 규정하는 기준에 맞지 않는) 지속적 망상을 포함함
3. **약화된 정신병 증후군:** 이 증후군은 완전한 정신병의 역치 아래에 있는 정신병 같은 증상들이 특징임(예, 증상들이 덜 심하고 더 일시적이며, 상대적으로 병식이 유지됨)
4. **망상장애가 있는 사람의 동반자의 망상 증상:** 관계라는 맥락에서 지배적 동반자로부터의 망상 재료가 그것만 아니면 망상장애의 기준에 전적으로 맞지 않을 사람의 망상적 믿음에 내용물을 제공함

## 명시되지 않는 조현병 스펙트럼 및 기타 정신병적 장애 298.9 (F29)

이 범주는 사회적, 직업적, 또는 다른 중요한 기능 영역에서 임상적으로 현저한 고통이나 손상을 일으키는 조현병 스펙트럼 및 기타 정신병적 장애의 특징적인 증상들이 두드러지지만, 조현병 스펙트럼 및 기타 정신병적 장애의 진단부류에 속한 장애 중 어느 것에도 완전한 기준을 만족하지 않는 발현 징후들에 적용된다. 명시되지 않는 조현병 스펙트럼 및 기타 정신병적 장애 범주는 기준이 특정 조현병 스펙트럼 및 기타 정신병적 장애의 기준에 맞지 않은 이유를 명시할 수 **없다고** 임상가가 선택한 상황들에서 사용되며, 좀 더 특정한 진단을 내리기에는 정보가 불충분한(예, 응급실 상황) 발현 징후들을 포함한다.

## 정신병 증상 심각도에 대한 임상가 평정 차원

정신병 증상 심각도에 대한 임상가 평정 차원은 임상가가 환각, 망상, 와해된 언어, 비정상적인 정신운동성 행동, 음성 증상, 손상된 인지, 우울증, 그리고 조증을 포함한 중요한 영역들에 걸쳐 사람들에 대한 세부 평가를 돕는 데 사용된다. 이 도구에 대해서는 DSM-5의 "평가 도구" 장에 기술되어 있다.

## KEY POINTS

- 장의 구성에 변화를 주게 되면서 조현병 스펙트럼 및 기타 정신병적 장애는 가장 경미한 수준에서 매우 심한 수준까지 배열되어 있다. 심각도는 정신병적 징후와 증상들의 수준, 수, 그리고 기간에 의해 정해진다.
- 조현형 성격장애는 조현병 스펙트럼에 포함되었지만, 진단범주와 본문은 성격장애 장에 그대로 남아 있다. 이에 대한 증거는 이 장애가 DSM-III에 처음 소개된 이래 축적되어 조현병과 기타 정신병적 장애와 밀접한 병인학적 관계가 있음이 확인되었다.
- 망상장애의 진단범주에 있어서 '비괴이한'이라는 형용사는 삭제되었다(진단기준 A). 그리고 신체형은 신체적 결함에 관한 망상이 있는 사람들이 신체변형장애로 보다 적절하게 진단될 수 있도록 개정되었다.
- 공유된 정신병적 장애 진단은 자주 사용되지 않았고, 이 진단을 받은 사람들이 일반적으로 일부 다른 정신병적 장애(예, 망상장애)의 진단범주에 부합되는 증상을 가지고 있다는 이유로 삭제되었다.
- 조현병의 경우, 괴이한 망상과 "일급first-rank" 환각은 더 이상 특수치료에 맞지 않는다. 더욱이, 임상가들은 더 이상 조현병 아형을 기록하지 않는다. 역사적 선례에도 불구하고 이 아형들의 임상적 유용성이나 예측타당도를 입증하는 연구결과는 거의 없는 실정이다.
- 조현정동장애의 진단범주는 현재 기분 증상이 "유병기간의 활성기와 잔류기 부분의 전체 기간의 대부분"을 차지한다는 점을 명확히 하고 있다. DSM-IV 문구의 낮은 신뢰도와 제한된 임상적 유용성으로 인해 이러한 변화가 요구되었다.

## 참고문헌


American Psychiatric Association: Diagnostic and Statistical Manual of Mental Disorders, 4th Edition. Washington, DC, American Psychiatric Association, 1994

Bell V, Halligan PW, Ellis HD: Diagnosing delusions: a review of inter-rater reliability. Schizophr Res 86:76-79, 2006

Bleuler E: Dementia Praecox or the Group of Schizophrenias. Translated by Zinken J. New York, International Universities Press, 1950

Cermolacce M, Sass L, Parnas J: What is bizarre in bizarre delusions? A critical review. Schizophr Bull 36:667-679, 2010

Helmes E, Landmark J: Subtypes of schizophrenia: a cluster analytic approach. Can J Psychiatry 48:702-708, 2003

Kasanin J: The acute schizoaffective psychosis. Am J Psychiatry 90:97-126, 1933

Kraepelin E: Dementia Praecox and Paraphrenia. Translated by Barclay RM, Robertson GM. Edinburgh, E & S Livingstone, 1919

Langfeldt G: The Schizophreniform States: A Katamnestic Study Based on Individual Reexaminations. Copenhagen, Denmark, Munksgaard, 1939

McGlashan T, Fenton W: Classical subtypes of schizophrenia. Washington, DC, American Psychiatric Association, 1994

Nordgaard J, Arnfred SM, Handest P, et al: The diagnostic status of first-rank symptoms. Schizophr Bull 34:137-154, 2008

Schneider K: Clinical Psychopathology. New York, Grune & Stratton, 1959

# 03

# 조현병 스펙트럼 및 기타 정신병적 장애

## DSM-5® 임상사례집

# 서문

*John W. Barnhill, M.D.*

조현병schizophrenia[***역자 주.** 조현병이란 종전의 '정신분열병' 또는 '정신분열증'이라는 말이 부정적인 느낌을 풍긴다는 점 때문에 '거문고의 줄을 고른다'는 의미로 대체된 용어로, 뇌 신경다발의 연결이 잘못되어 조정할 필요가 있는 질환이라는 뜻을 담고 있음]은 전형적인 정신병적 장애다. 조현병은 가장 흔한 정신병이다. 조현병은 5가지 증상 영역(① 환각, ② 망상, ③ 와해된 사고[말speech], ④ 극도로 와해된 비정상적 운동행동[긴장증 포함], ⑤ 음성 증상)에서 비정상성이 나타난다. DSM-5의 신경발달장애와 마찬가지로, 조현병은 예측 가능한 발달단계에서 발병되는 복잡한 유전적 · 임상적 경과가 있는 신경정신과 장애로 간주된다. 신경발달장애는 흔히 아동기에 시작되지만, 조현병은 청소년기 후기에서 성인기 초기에 발병되는 경향이 있다.

DSM-5에서는 조현병 진단에 있어서 몇 가지 사소한 개정 작업이 이루어졌다. 첫째, 조현병의 아형들은 진단의 안정성 결여와 낮은 신뢰도와 타당도를 이유로 삭제되었다. 삭제된 아형들은 조현병의 와해형, 편집형, 잔류형 범주에 포함되었다.

오랫동안 조현병과 연관이 있었던 긴장증은 조현병을 포함해서 거의 모든 정신병 진단의 잠재적 진단범주의 하나로 남아 있다. 그러나 이제는 우울장애와 양극성장애 등 기타 정신과적 상태와 비정신과적 의학적 상태에 대한 명시자로 지정되었다. '달리 명시된 긴장증' 역시 긴장증이나 동반이환된 정신과적 상태 또는 비정신과적 의학적 상태에 대해 기준이 불확실하거나 불완전한 경우에 진단될 수 있다.

DSM-5의 조현병으로 진단되려면 5가지 증상 기준(망상, 환각, 와해된 언어, 와해된 행동 또는 긴장증, 음성 증상) 가운데 2가지가 지속되어야 한다. 이와 관련하여 한 가지 변화된 점은 망상과 환각의 유형에 따른 특정 상태를 삭제한 것이다. 이들 중에는 종전 같으면 조현병 증상 기준에 부합되는 상태도 있다. 두 번째 변화는 양성 증상으로 판별되기 위해서는 망상, 환각, 또는 와해된 사고의 2가지 증상 기준 중 한 가지가 필수로 나타나야 한다는 점이다.

조현정동장애에 대한 기준은 훨씬 강화되었다. DSM-IV에서처럼 조현정동장애로 진단되려면, 환자가 조현병의 기준에 부합되고, 주요우울장애나 양극성장애의 증상과 함께 조현병 증상이 동반되어야 한다. 또한 현저한 기분 증상이 없는 상태에서 망상이나 환각이 2주간 나타나야 한다. 중요한 변화는 주요 기분장애 기준에 부합되는 DSM-5 증상들이 전반적인 질병의 활동기와 잔류기의 전체 기간의 대부분 기간 발현되어야 한다는 점이다. 그러므로 DSM-5에서는 조현정동장애 진단은 종전에 비해 종단적 경과에 좀 더 주의를 기울일 것을 요구하고 있다. 더욱이, 정신병적 장애(급성 및 잔류기 포함) 경과의 대부분 기간에 주요 기분 증상들이 나타나야 한다는 진단의 필수요건이 제정됨으로써, 조현정동장애의 기준에 부합되는 사람들의 수가 대폭 감소될 것이다.

망상장애는 조현병, 우울장애나 양극성장애, 그리고 이 장애들과 관련된 물질 사용으로 인한 다른 활동성 증상이 없는 상태에서 발생하는 망상에 초점을 둔다. 괴이한 망상은 이젠 망상장애의 증상 기준에 포함되는 반면, 신체이형장애와 강박장애의 일부로 간주되는 망상은 망상장애의 일부로 간주되어서는 안되고, 대신 '병식 없음/망상적 믿음' 명시자와 함께 신체이형장애나 강박장애의 일차 진단에 활용될 수는 있다.

단기 정신병적 장애와 조현양상장애는 DSM-5에서는 본질적으로 종전의 상태를 유지하고 있다. 이 장애들은 주로 증상의 지속기간을 토대로 조현병과 구별된다. 이례적이거나 증상이 미완성 상태이거나 정보가 완전하지 않은 응급실 같은 상황에서 내려지는 진단들은 본문에서 구체적으로 논의되지 않았다. 이러한 진단으로는 '달리 명시된 조현병 스펙트럼 및 기타 정신병적 장애' '명시되지 않는 긴장증' '명시되지 않는 조현병 스펙트럼 및 기타 정신병적 장애'가 있다.

이러한 '다른' 진단들은 인간의 사고, 감정, 행동이 일직선상에 놓여 있는 현실을 반영하고 있다. 또한 '다른' 대안으로는 DSM-5에서 제시하고 있는 대안적인 진단들이 있다. 이러한 진단상의 회색 지대는 조현병 스펙트럼 질환에 있어서 특히 중요하다. 결국 조현병이나 조현정동장애와 같은 만성 질환을 겪는 많은 사람에게는 증상은 시작되었어도 진단은 내려지지 않은 기간이 있다. 이에 DSM-5에서는 새로운 진단, 즉 '약화된 정신병 증후군attenuated psychosis syndrome'을 창안함으로써 이러한 쟁점을 정신과 전문의들로서는 어떤 환자가 정신병적 증상을 완전히 발달시킬 것인지 예측하기 어렵다. 그럼에도 정확한 예측은 DSM-5의 두 곳에서 이 증후군에 대해 언급될 정도로 매우 중요하다. 첫째, '약화된 정신병 증후군'은 DSM-5의 이 장에서 명시자로 사용될 수 있다. 이 명시자는 '달리 명시된 조현병 스펙트럼 및 기타 장애(약화된 정신병 증후군)'로 기재될 것이다. 이 상태에 관해서는 DSM-5의 '추가 연구가 필요한 진단적 상태' 장에서 보다 상세히 논의되고 있다.

## 읽을거리

Bromet EJ, Kotov R, Fochtmann LJ, et al: Diagnostic shifts during the decade following first admission for psychosis. Am J Psychiatry 168(11):1186-1194, 2011

Lieberman JA, Murray RM: Comprehensive Care of schizophrenia: A Textbook of Clinical Management, 2nd Edition. New York, Oxford University Press, 2012

Tamminga CA, Sirovatka PJ, Regier DA, van Os J (eds): Deconstructing psychosis: Refining the Research Agenda for DSM-V. Arlington, VA, American Psychiatric Association, 2010

# 사례 1: 정서장해
Emotionally Disturbed

*Carol A. Tamminga, M.D.*

펠리시아 앨런Felicia Allen(32세, 여)은 버스를 훔치려다가 경찰에 의해 응급실emergency room(ER)에 실려 왔다. 그녀가 '정서가 불안정한 사람'으로 보여서 정신과 진료가 필요하다는 판단에서였다.

경찰의 보고에 의하면, 앨런 양은 버스 기사를 칼로 위협하여 버스를 탈취하고는 승객이 타고 있지 않은 상태에서 버스를 몰다가 사고를 냈다. 이 사건에 대한 진상은 버스에 함께 타고 있던 앨런 양의 친구가 밝혔는데, 그 친구는 구속되지 않았다. 앨런 양의 친구에 의하면, 두 사람은 근처 쇼핑몰에 가려고 버스를 탔다. 이때 버스 기사가 앨런 양이 낸 지폐를 받으려고 하지 않자, 앨런 양은 크게 실망스러워했다. 앨런 양은 지갑 안을 들여다보다가 잔돈을 찾는 대신, 호신용으로 가지고 다니던 식칼을 갑자기 꺼내 들었다. 이 광경을 본 버스 기사가 황급히 피신하자, 앨런 양은 운전석에 앉더니 버스를 몰고 도로를 가로질러 근처에 주차된 차량으로 돌진했다.

검사 당시 앨런 양은 체격이 건장한 젊은 여성으로, 두 손에는 수갑이 채워져 있었고, 이마에는 반창고를 붙이고 있었다. 앨런 양은 안절부절못하면서 몸을 앞뒤로 흔들며 앉은 채 혼잣말로 중얼거리고 있었다. 무슨 말을 하고 있느냐는 검사자의 질문에 환자는 잠깐 검사자의 눈을 쳐다보더니, "미안해요, 미안해요."라는 말만 반복했다. 그러고는 다른 질문에는 대꾸하지 않았다.

다른 정보에 대해서는 사고 직후 응급실로 온 정신과 전문의가 보다 상세히 설명해 주었다. 정신과 전문의에 의하면, 앨런 양과 그녀의 친구는 그가 근무하고 있는 주립 정신병원에 장기 입원 중이었다. 이들은 사회치료교육의 일환으로, 매주 증명서를 받고 외출할 수 있게 되었다. 이번이 처음으로 직원의 동행 없이 버스를 타게 된 상황이었다.

정신과 전문의에 따르면, 앨런 양은 '아동기 발병, 치료거부 편집성 조현병' 진단을 받은 상태였다. 그녀는 5세경부터 목소리 환청을 듣기 시작했다. 크고, 강하고, 침습적이며, 정신병적이었던 앨런 양은 11세 이후부터는 거의 입원 상태로 지냈다. 환청은 대체로 앨런 양의 행동을 비판하는 내용이었다. 앨런 양은 구체적 조작기[***역자 주.** 피아제J. Piaget의 인지 발달이론에서 세 번째 단계(만 7~12세)로, 규칙의 기능적 가치를 이해하게 되고 보존개념, 유목화 · 서열화 능력을 갖게 되지만, 고차적 · 추상적 · 조합적 사고능력은 아직 발달되지 않은 특징이 있음]에 머물러 있었고, 이완된 상태에서만 자기성찰을 할 수 있었다. 앨런 양은 다른 사람의 비위를 맞추기 위해 애쓰는 성향이 있었다. 그러면서 자신의 가장 큰 목표는 "내 친구들과 지낼 수 있는 내 집에 있는 내 방을 갖는 것"이라는 말을 계속했다.

정신과 전문의는 앨런 양이 칼을 꺼내 든 이유를 확실히 알 수 없다고 말했다. 최근 들어서는 앨런 양에게 환각 증상이 나타나지 않았고, 편집증 증상도 약화되었기 때문이었다. 이에 담당의사는 앨런 양이 전에 비해 정신병 증상이 심해진 것은 아닌지 의아해했다. 또한 단순히 참지 못해서 짜증이 났거나, 정상적인 생활능력을 발달시킬 수 있는 시간과 현실세계에서의 경험 부족으로 인한 것이었을 수 있다고 말했다.

앨런 양은 1년간 환청 완화에 효과적인 클로자핀을 복용했다. 앨런 양은 당시 체중이 35파운드(약 16kg) 늘었으나, 아침에 일어나는 데는 문제가 없었다. 앨런 양은 취업을 해서 독립적으로 살고 싶다면서 클로자핀을 계속 복용하고 싶어 했다. 쇼핑몰에 가기 위해 버스를 탄 것은 바로 이 방향으로 나아가기 위한 첫걸음이었다.

## 진단

- 조현병, 다중 삽화, 현재 활성기 상태

## 논의

앨런 양이 시내버스를 탈취한 것은 선뜻 납득하기 어려운 일이다. 이는 앨런 양이 세상에 효과적으로 대처하는 능력이 결여되어 있음을 의미한다. 앨런 양의 사고는 구체적 조작기 단계에 머물러 있다. 앨런 양은 괴이한 행동을 일삼고 있다. 앨런 양은 혼잣말로 중얼거리곤 하는데, 이는 환청이 있음을 암시한다. 앨런 양이 주립 정신병원에서 생활한다는 사실은 그녀가 고도의 지속성 정신질환을 앓고 있음을 보여 주고 있다.

DSM-5의 조현병으로 진단하려면, 5가지 증상(① 망상, ② 환각, ③ 와해된 언어, ④ 와해된 또는 비정상적 행동, ⑤ 음성 증상) 가운데 적어도 2가지 증상이 반드시 나타나야 한다. 또한 기능이 손상된 상태로 지속성 질환의 징후가 적어도 6개월간 지속되어야 한다. 앨런 양의 경우에는 병력에 관한 후속 정보가 없어도 조현병 진단이 내려질 수 있다.

앨런 양의 정신병은 아동기에 시작되었다. 아동들은 자신의 정신병적 경험을 '정상'으로 보는 경향이 있으므로, 조기에 발병되는 증상들은 흔히 잘 드러나지 않는다. 성인 환자의 경우, 자신의 증상을 확인(예, 환청)하고 이를 중대한 사건(예, 입학, 학년 진급)과 연계함으로써 회상을 통해 증상의 발병시기를 확인할 수 있다. 증상과 치료는 유사하지만, 아동기 발병 조현병은 흔히 성인기 발병 조현병보다 더 심각하다. 조기 발병 정신병적 증상은 아동기의 정상적인 발달에 심한 지장을 초래한다. 양성적인 정신병적 증상은 그 자체가 손상적이다. 이 증상들로 인해 아동은 결정적 시기인 아동기에 습득할 수 있는 사회 학습과 인지 발달의 기회가 박탈되기 때문이다.

버스에서 보인 앨런 양의 행동은 조현병의 일부인 정신병과 인지기능이상뿐 아니라 일상생활에서의 경험결손이 있음을 나타내고 있다. 앨런 양의 치료진은 그녀의 정신병적 증상을 클로자핀으로 치료하는 것 외에, '친구'와 함께 쇼핑 외출의 기회를 제공함으로써 이러한 경험손실을 만회해 보려고 한 것 같다. 버스 사고가 나자마자 정신과 전문의가 응급실에 모습을 나타낸 사실을 볼 때, 치료진이 앨런 양의 치료에 매우 적극적이고 깊이 관여하고 있음을 알 수 있다.

조현병은 이질적인 장애로, 여러 영역에 영향을 미친다. 조현병에는 여러 형태가 있는데, 여전히 알려지지 않은 표지자markers로 구별된다. DSM-5에서는 타당도에 대한 증거가 불충분하다는 이유로 조현병, 편집형 등의 범주들을 삭제했다. 그 대신에 진단을 아형 범주로 나눌 수 있는 몇 가지 방법에 대한 개요를 소개하고 있다. 한 가지 방법은 증상의 전반적인 활동성activity과 만성성chronicity(예, 단일 삽화 대 다중 삽화들, 급성삽화, 부분관해 상태, 완전관해 상태)에 의한 것이다. 또 다른 범주화 방법은 5가지 핵심적인 조현병 증상 가운데 각 증상의 심각도를 0에서 4점 척도로 평가하는 것이다.

예를 들어, 앨런 양은 '친구'와 외출해 보았고, 문제가 발생하자 담당 정신과 전문의가 신속하게 응급실에 도착했다. 이러한 일련의 상황을 고려할 때, 앨런 양이 치료 프로그램에 적극 참여하고 있음을 알 수 있다. 그러나 미안해하는 태도와 독립하고 싶다는 말을 종합해 보면, 앨런 양에게는 무쾌감증anhedonia, 감소된 사회적 네트워크, 무언증alogia과 같은 음성 증상은 없는 것 같다. 활동성에 의한 행동은 조현병 환자들 사이에서 흔히 나타나는 특이사항으로, 앨런 양에게는 우울 증상이 없음을 암시한다. 아무런 검사도 없이 앨런 양의 인지능력을 판단하기는 어렵다. 그렇지만 앨런 양이 구체적 사고 단계에 머물러 있다는 것은 버스를 탈 때 요금 지불 또는 행동 단서를 추출하는 과정을 이해하지 못했다는 점에서 유추할 수 있다. 앨런 양이 조현병-유사 작업기억장애나 주의력 기능이상과 같은 특성을 더 가지고 있는지는 이 삽화만으로 단정 지을 수는 없고, 이에 대한 검사가 요구된다.

양성 증상의 범위를 평가하는 것 외에, 정신의학 분야에서는 조현병의 음성 증상과 인지적 기능이상을 보다 잘 이해하는 것이 중요하다. 조현병 치료는 오랫동안 양성 증상의 개선을 위한 항정신병 약물치료에 집중되었다. 그러나 향후 치료는 조현병에서 빼놓을 수 없는 특정 행동 · 인지 · 정서 장해에 초점을 맞추어야 할 것이다.

## 읽을거리

Ahmed AO, Green BA, Goodrum NM, et al: Does a latent class underlie schizotypal personality disorder? Implications for schizophrenia. J Abnorm Psychol 122(2):475–491, 2013

Heckers S, Barch DM, Bustillo J, et al: Structure of the psychotic disorders classification in DSM 5. Schizophr Res May 23, 2013 [Epub ahead of print] PubMed ID: 23707641

Tandon R, Gaebel W, Barch DM, et al: Definition and description of schizophrenia in the DSM-5. Schizophr Res June 22, 2013

# 사례 2: 점진적 기괴성

Increasingly Odd

*Ming T. Tsuang, M.D., Ph.D., D.Sc.*
*William S. Stone, Ph.D.*

그레고리 베이커Gregory Baker(20세, 남)는 수개월 전에 정학처분을 받은 아프리카계 미국인으로, 대학 경찰에 의해 응급실(ER)로 왔다. 경찰은 베이커 군이 듣던 수업 담당 교수의 신고를 받았다. 당시 경찰에 신고했던 교수에 의하면, 베이커 군이 갑자기 강의실에 들어와서 "나는 조커다. 배트맨을 찾고 있다."라고 소리를 질렀다고 했다. 교수가 베이커 군에게 강의실에서 나가 줄 것을 요구하자, 베이커 군은 그의 요구를 거부했고, 급기야 교수는 보안요원을 부르게 되었다.

베이커 군은 10대 청소년 시절에는 공부를 잘했다. 그러나 지난해부터 점차 특이한 행동을 보였다. 그중에는 친구들을 더 이상 만나지 않는다거나, 대부분의 시간을 침대에 누워 천장을 바라보면서 보내는 행동이 포함되었다. 베이커 군은 일부 가족과 함께 살았지만, 어느 누구와도 말을 하지 않았고, 출석률 미달로 대학에서 정학을 당했다. 베이커 군의 누나에 의하면, 그는 조용히 자신에게 중얼거리거나 때로 지붕 위에 서서 마치 '교향곡을 지휘하고 있는 것'처럼 팔을 흔들곤 했다. 베이커 군은 지붕에서 뛰어내리거나 자해생각은 없다면서, 지붕 위에 있으면 자유를 느낄 수 있고 음악과 조화를 이루는 느낌이 든다고 말했다. 베이커 군의 아버지와 누나는 대학 학생건강센터에 가 볼 것을 수차례 권유했지만, 베이커 군이 정신과 전문의를 만나 보거나 입원한 적은 없었다.

그리고 지난 수개월 동안 베이커 군은 길 아래쪽에 살고 있는 여성, 앤에게 집착하는 성향을 보였다. 베이커 군은 가족들에게 앤과 약혼할 것이라고 말했다. 그러나 앤은 베이커 군의 누나에게 두 사람은 서로 그런 말을 한 적도, 사귀고 있지도 않다고 말했다. 베이커 군의 누나에 의하면, 베이커 군은 앤에게 수차례 편지를 썼지만, 한 번도 부치지 않고 죄다 책상 위에 쌓아 두곤 했다. 베이커 군의 가족들은 그의 불법 물질이나 알코올 사용 여부에 대해서는 전혀 아는 바가 없었다. 그에 대한 독소검사는 음성으로 나타났다. 마약 사용 여부에 대한 질문에 베이커 군은 화가 난 표정을 지었고, 대답조차 하지 않았다.

응급실에서 실시된 검사에서 베이커 군은 대체로 비협조적이었다. 그는 용모가 단정한 젊은이였으나 몹시 위축되어 있었고, 신중하게 행동하면서도 주의가 산만했으며, 무언가에 집착하는 모습을 보였다. 베이커 군은 응급실 직원이 저녁을 가져오자 버럭 화를 내면서, 병원의 모든 음식에 독이 들어 있기 때문에 특정 유형의 병에 든 물만 마시겠다고 큰 소리로 힘주어 말했다. 이러한 행동으로 볼 때, 베이커 군은 편집형 · 과대형 · 색정형 망상을 가지고 있는 것 같다. 그는 환각 증상은 없다고 했지만, 내면적으로 무언가에 사로잡혀 있는 것처럼 보였다. 베이커 군은 '좋지 않은' 느낌은 있지만, 우울 증상은 없다고 했다. 또한 수면이나 식욕에도 아무런 문제가 없다고 했다. 베이커 군의 정신 상태는 대체로 온전했고, 또렷하게 말을 했다. 그는 공식적인 인지검사는 거부했다. 그의 병식과 판단력은 빈약한 것으로 보였다.

베이커 군의 외할머니는 주립 정신병원에서 30년 동안 생활하다가 그곳에서 세상을 떠났다. 외할머니의 진단명은 밝혀지지 않았으나, 베이커 군의 어머니는 자신의 어머니가 '미친' 상태였다고 전했다. 베이커 군의 어머니는 그가 어렸을 때 가족의 곁을 떠났고 베이커 군은 아버지, 친할머니와 함께 살았다. 베이커 군은 결국 정신과 병동에 입원하기로 서명하면서, "저는 여기에 있는 것 개의치 않아요. 앤이 함께 있어서, 앤과 함께 시간을 보낼 수 있을 테니까요."라고 말했다.

## 진단

- 조현병, 첫 삽화, 현재 급성삽화 상태

## 논의

베이커 군의 사례에는 기능 수준이 높은 청년이 심한 쇠퇴를 겪고 있다는 매우 친숙한 시나리오가 포함되어 있다. 베이커 군은 편집형 · 과대형 · 색정형 망상 외에도 내적 자극(예, 환청)에 반응하고 있고, 음성 증상(예, 온종일 침대에 누워 있기)을 나타내는 것 같다. 이러한 증상들은 지난해 내내 지속되면서 악화되었다. 이러한 증상의 원인이 될 수 있는 약물치료, 물질남용이나 기타 병력 또는 정신의학적 장애는 없었다. 그러므로 베이커 군은 DSM-5의 조현병 기준에 부합된다. 정신과 질환의 가족력이 베이커 군의 DSM-5 진단에 필수요건은 아니지만, 베이커 군의 어머니와 외할머니 역시 주요 정신장애를 겪었던 것 같다.

그러나 조현병은 이질적인 장애다. 예를 들어, 베이커 군의 현저한 증상은 망상이다. 반면, 와해된 말과 행동이 두드러지지만, 망상은 나타내지 않는 조현병 환자도 있다. DSM-5에서는 범주의 관점보다는 차원의 관점을 강조함으로써 이러한 이질성을 다루고 있다. 달리 말하면, DSM-5에서는 환자가 '편집성paranoid' 조현병인지, 아니면 '와해성disorganized' 조현병인지를 밝히려고 하기보다는 다양한 명시자를 통해 평가하도록 권장하고 있다. 중요한 명시자인 경과 명시자course specifier를 정하려면, 이것이 첫 번째 삽화인지, 다중 삽화들 중 하나인지, 그리고 급성삽화, 부분삽화, 또는 완전관해 상태인지를 결정하기 위한 평가가 필수로 요구된다.

또한 DSM-5에서는 증상들에 대한 구체적인 평가를 권장하고 있다. 예를 들어, 이 조현병 삽화는 긴장증을 동반하고 있는가? 5점 척도(0~4점)에서 조현병의 5가지 필수 증상은 각각 얼마나 심한가? DSM-5에서는 인지, 조증, 우울증 영역에 대해 평가를 실시할 것을 권장하고 있다. 예를 들어, 베이커 군의 몇 가지 행동(예, 강의를 방해하면서 자신의 정체를 조커로 밝힌 것)은 조증의 증상으로 볼 수 있다. 그러나 이러한 증상들은 수면, 기분, 또는 활동 수준 장해가 동반되지 않았다. 마찬가지로, 베이커 군은 자신이 '나쁜' 느낌이 들었다고 했지만, 우울 증상은 없었다. 이러한 임상적 관찰결과에 의하면, 베이커 군은 조현병의 하위 범주에 속하는 사람들과 구별될 수 있다.

조현병은 이러한 심각도 명시자 없이도 진단될 수 있다. 그럼에도 차원 평정을 기반으로 보다 개별화된 방식을 사용함으로써, 베이커 군이 조현병의 핵심 증상을 나타내고 있는지에 대한 평가능력을 높일 수 있다. 또한 진단범주의 차원들을 포함시킴으로써 양극성장애와 조현정동장애를 포함한 감별진단이 훨씬 용이할 것이다. 그리고 이러한 평가를 통해 주요 생활상의 역할(예, 주거 형태 또는 직업 상태)에 있어서 베이커 군의 기능적 예후를 명확하게 알아볼 수 있을 것이다. 끝으로, 반복적인 차원적 평가는 베이커 군의 증상, 발달, 치료에 대한 반응을 종단적으로 이해하는 데 도움이 될 것이다.

## 읽을거리

Barch DM, Bustillo J, Gaebel W, Et al: Logic and justification for dimensional assessment of symptoms and related clinical phenomena in psychosis: relevance to DSM-5. Schizophr Res May 22, 2013 [Epub ahead of print] PubMed ID: 23706415

Cuesta MJ, Basterra V, Sanchez-Torres A, Peralta V: Controversies surrounding the diagnosis of schizophrenia and other psychoses. Expert Rev Neurother 9(10):1475-1486, 2009

Heckers S, Barch DM, Bustillo J, et al: Structure of the psychotic disorders classification in DSM 5. Schizophr Res May 23, 2013 [Epub ahead of print]

Tandon R, Gaebel W, Barch DM, et al: Definition and description of schizophreniain the DSM-5. Schizophr Res June 22, 2013

## 사례 3: 영성 환각

Hallucinations of a Spiritual Nature

*Lianne K. Morris Smith, M.D.*

*Dolores Malaspina, M.D., M.P.H.*

하킴 콜먼Hakim Coleman(25세, 남)은 미 육군 예비역으로, 전문대학에 다니다가 여자 친구, 그리고 여동생과 함께 응급실(ER)을 찾았다. 검사 당시 콜먼 군은 키가 컸고, 날씬했으며, 옷차림이 단정한 안경을 쓴 젊은이였다. 그는 부드러운 목소리로 말했는데, 말의 중간에 끊기는 시간이 점차 길어졌다. 증상에 대해 논의하는 동안 불안해한 것 외에, 콜먼 군의 정동은 무딘 상태였다.

콜먼 군은 누나의 제안으로 응급실에 오게 되었다고 했다. 그는 '편두통'이 여러 날 지속되었고, '영성 환각'이 3개월간 지속되어 '일반 검진'을 받게 되었다고 했다. 콜먼 군의 두통은 두부 양 측면의 다양한 부위에서 '날카롭게 찌르는 것 같은' 감각과 뇌의 중간선을 따라 '울리는 듯한' 감각이 동반된 것으로, 자신의 부도덕성에 대해 생각하는 경우에 더욱 악화되는 것 같다고 했다.

콜먼 군은 자신의 부도덕성을 '알코올, 담배, 부모에 대한 무례함, 여자들'과 관련된 것으로 기술했다. 그렇지만 이라크전 참전 당시에 군인으로서 의무를 다하다가 생긴 죄책감, 불안, 집착의 가능성은 없다고 했다. 그는 4개월 전, '내가 행한 모든 일'에 대한 '죄책감 해소'의 차원에서 성결교회에 등록했다. 3개월 전, 콜먼 군은 거의 매일 '죄의식이 들게 하는 목소리를 듣기' 시작했다. 가장 최근에 경험한 환청은 바로 전날에 발생했다. 최근 수개월간, 콜먼 군은 낯선 사람들이 자신이 과거에 저지른 죄에 대해 소문을 퍼뜨리고 있다는 사실을 알게 되었다.

콜먼 군은 자신의 편두통과 죄의식을 알코올금단에 의한 것으로 여겼다. 그는 수년간 일주일에 거의 매일 맥주 3~4캔을 마시다가 교회에 다니기 4개월 전에 술을 '끊었다' 그러나 그는 여전히 격주로 1~2캔을 마셨고, 그럴 때마다 죄책감에 시달렸다. 콜먼 군은 떨림tremor, 식은땀 같은 알코올금단 증상들은 없다고 했다. 그는 수년간 매달 두 차례 정도 대마를 피웠으나, 교회에 출석하게 되면서 완전히 끊었다. 그리고 3년 전, 한 차례 아무 생각 없이 코카인을 사용한 것 외에는 다른 불법 약물을 복용한 적이 없다고 말했다. 그는 때로 과제를 하느라 몇 시간밖에 잠을 자지 못한 적은 있지만, 대체로 잠을 잘 자는 편이었다.

이외에도 콜먼 군은 우울증, 조증, 또는 정신병 증상과 폭력적 사고는 없다고 했다. 또 외상후 스트레스장애posttraumatic stress disorder(PTSD) 증상도 없다고 했다. 다만, 학교에 다니는 일, 거의 매일 교회활동에 참여하는 일 등, 자신이 현재 맡고 있는 책임에 대해 심한 압박감을 느끼고 있었다. 그는 대학 입학 초기에는 전 과목에서 A를 받았으나, 현재는 대부분 B와 C를 받고 있다.

환자의 여자 친구와 누나에 대한 면담이 각각 실시되었다. 두 사람은 콜먼 군이 전에는 재미있고 사교적이었으나, 점차 사회적으로 고립되고 조용히 지내게 되었다고 했다. 또한 이 삽화가 있기 전에는 특별히 종교적이지 않았다고 했다. 콜먼 군의 누나는 콜먼 군이 교회에서 '세뇌 당했다'고 믿고 있었다. 콜먼 군의 여자 친구는 콜먼 군과 함께 예배에 참석해 왔다. 그녀는 여러 신도가 과거의 행적에 대해 죄책감을 갖고 있는 새 신자들과 이야기를 나눈 적이 있지만, 환각 증상을 나타낸 사람은 아무도 없었다고 했다. 신경학적 검사를 비롯해서 환자에 대한 검사실 검사결과에는 특이사항이 없었다. 혈중 알코올 수준과 소변검사 역시 정상이었다. 게다가, 비대조형 두부 전산화 단층촬영noncontrast head computed tomography(CT) 결과도 정상이었다.

## 진단

- 조현양상장애, 잠정적

## 논의

새로 발병된 정신병과 물질남용 과거력이 있는 젊은 예비역 청년에 대한 감별진단의 범위는 꽤 넓다. 우선 고려해 볼 수 있는 감별진단으로는 원발성 정신병적 장애, 정신병적 기분장애, 물질로 유발된 정신병, 일반적인 의학적 상태로 인한 정신병적 장애, 공유된 문화적 증후군shared cultural syndrome, PTSD 등이 있다.

콜먼 군은 DSM-5의 조현양상장애에 가장 잘 부합되는 것 같다. 조현양상장애는 2가지 측면에서 조현병과 다르다. 하나는 조현양상 질환schizophreniform illness의 총 지속기간—전구기, 활성기, 잔류기 포함—이 1개월 이상, 6개월 미만이라는 점이다. 다른 하나는 사회적 또는 직업적 손상을 동반한다는 기준이 없다는 점이다. 조현양상장애와 조현병으로 진단되려면, 환자는 5가지 증상 기준 가운데 적어도 2가지가 부합되어야 한다. 콜먼 군은 자신에게 환각('죄책감이 들게 하는 목소리가 들림')과 음성 증상(무딘 감정, 무의욕증avolition, 사회적 고립)이 있다고 기술했다. 사례보고서에는 망상 또는 말이나 행동의 와해에 대한 내용은 없었다.

DSM-5와는 무관하지만, 흥미로운 점은 콜먼 군이 환청 외에 2가지 슈나이더 증상Schneiderian symptoms[***역자 주.** 독일의 정신과 의사인 쿠르트 슈나이더(Kurt Schneider, 1887~1967)가 열거한 정신병에서 특징적으로 나타나는 일련의 증상], 즉 관계사고ideas of reference와 자신의 비전형적 두통(뇌에서 나는 '종소리')에 관한 기술을 근거로 체감환각cenesthetic hallucination을 보고한 것이다.

DSM-5에서는 우울증과 조증 증상은 잠재적으로 정신병의 원인을 제공하는 요인으로 탐색되어야 한다고 밝히고 있다. 콜먼 군은 이와 관련된 기분 증상은 없다고 했다. 조현양상장애 진단 역시 일반적인 의학적 상태나 물질사용장애로 인한 것은 배제되어야 한다. 콜먼 군은 의학적 호소 내용은 없는 것 같고, 신체검진과 검사실 정밀검사 결과도 특이사항은 없었다.

환자는 자신의 증상이 알코올로 인한 것이라고 확신하고 있다. 그러나 음주로 인한 영향은 그리 크지 않은 것처럼 보인다. 그리고 최근 들어서는 격주로 '맥주 1~2잔 정도' 마시고 있고, 금단이나 기타 복합 증상은 없다고 했다. 그의 환각 증상은 알코올 사용량을 줄인 지 수개월 후에 시작되었고, 수개월 동안 지속되었다. 게다가 간의 판hepatic panel과 일반 혈액검사 결과는 정상이었다. 환각 증상이 알코올로 유발된 정신병이나 심한 금단을 동반한 환자들에게서 나타나는 것은 매우 이례적이다.

콜먼 군의 만성적인 대마 사용은 잠재적으로 정신병 발달의 원인이 될 수 있다. 그러나 콜먼 군은 대마를 간헐적으로 사용했을 뿐 아니라, 환각 증상이 나타나기 이전의 수개월 동안 대마를 사용하지 않았으며, 독소검사 결과 역시 음성이었다. 따라서 알코올과 대마에 대한 콜먼 군의 염려는 실질적인 물질사용장애라기보다는 종교와 관련된 과도한 죄책감과 연관된 것 같다. 이 경우, 일반적인 의학적 상태의 가능성이 고려될 수 있지만, 정상으로 판명된 검사실 검사와 신체검진 결과는 이를 뒷받침할 수 있는 증거가 되지 못했다.

조현양상장애는 적어도 1개월 이상, 6개월 미만 동안 지속된다. 콜먼 군의 경우, 종교에 대한 집착과 죄책감 되새김의 초기 1~2개월은 전구기로 볼 수 있다. 응급실을 찾기 전 3개월은 정신병의 활성기였음을 나타내고 있다. 콜먼 군의 정신병 증상들은 4~5개월 지속되었지만 지속적이지 않았다는 점에서, 그에게 잠정적 조현양상장애가 있다고 볼 수 있다. 명백하게 조현병이 발병되는 사람은 누구나 조현양상장애를 가지고 있다는 말을 듣게 되기까지 6개월이 걸리지만, 조현양상장애가 있는 사람의 1/3은 조현병 또는 조현정동장애로 이어지지는 않는다.

여기서 고려할 수 있는 가능한 진단 3가지는 PTSD, 해리장애, 공유된 문화적 증후군이다. 사례보고서에서는 콜먼 군의 군대생활 경험에 대해 깊이 있게 다루고 있지 않다. 그러나 단순히 전쟁터에 있었던 경험만으로도 외상적 노출로 간주될 수 있다. 콜먼 군은 PTSD 양상에 대해 언급하지 않았지만, PTSD 증상의 가능성에 대해 얼마나 광범위하게 논의되었는지는 명확하지 않다. 회피가 PTSD의 주요 양상이라면—이에 대한 탐색해 보려는 시도 없이는 환자가 자발적으로 증상에 대해 보고할 가능성은 매우 희박함—전략적으로 그 가능성을 탐색해 보는 것이 도움이 될 것이다.

콜먼 군의 가족들은 그의 증상이 성결교회에 다니기 시작한 무렵에 시작되었고, 그가 '세뇌 당했다'고 염려하고 있다. 이와 관련된 내용은 DSM-5의 '해리장애' 장의 '달리 명시된 해리장애'에 제시되어 있다. 이 장애는 장기적인 정치적 구속이나 광신적인 사이비 종교집단에 빠져 있는 맥락에서 오래 지속된 강압적인 설득에 의해 정체성 장해를 겪는 사람들에게 적용된다. 콜먼 군의 특이한 신념은 그가 다니는 교회의 신도들과 공유하고 있는 종교적 신념의 비병리적 징후일 가능성이 있다.

그러나 콜먼 군의 정신병 증상들은 그가 교회에 다니기 전에 시작된 것으로 보이고, 이전에 그에게는 관심이 없었던 교회에 등록하게 하는 요인으로 작용했을 수 있다. 게다가 콜먼 군이 자주 교회에 출석하였지만, 그가 광신적인 사이비 종교집단에 빠졌다거나, 특히 사람들을 현혹시키는 종파에 등록했다는 증거는 없다. 더욱이, 다른 교인들은 그의 견해가 공유된 문화적 또는 종교적 사고방식의 일부에 속하지 않는다고 했고, 그의 환각 증상을 종교와는 무관한 일탈적인 것으로 보았다.

잠정적 조현양상장애라는 초기 진단은 일시적인 것이다. 종단적인 후속 검사를 통해 콜먼 군의 증상들이 약화되는지 아니면 만성 정신질환으로 발전되는지의 여부를 밝힐 수 있을 것이다.

## 읽을거리

Bromet EJ, Kotov R, Fochtmann LJ, et al: Diagnostic shifts during the decade following first admission for psychosis. Am J Psychiatry 168(11):1186–1194, 2011

Heckers S, Barch DM, Bustillo J, et al: Structure of the psychotic disorders classfication in DSM 5. Schizophr Res May 23, 2013 [Epub ahead of print]

Tamminga CA, Sirovatka PJ, Regier DA, van Os J (eds): Deconstructing psychosis: Refining the Research Agenda for DSM-V. Arlington, VA, American Psychiatric Association, 2010

## 사례 4: 마인드 컨트롤
Mind Control

*Rajiv Tandon, M.D.*

이츠키 다이시 Itsuki Daishi (23세, 남)는 일본인 공대생으로, 그의 출석률이 저조한 것을 염려한 한 교수에 의해 대학생 정신건강 클리닉에 의뢰되었다. 그 교수는 다이시 군과 그의 학교 성적 하락 문제에 대해 논의하기 위해 면담을 했다. 그 자리에서 다이시 군은 자신의 아파트에 설치된 “도청장치”와 “사고통제장치” 때문에 공부에 집중할 수 없다고 말했다.

클리닉 면담에서 처음에는 경계하는 듯한 태도를 보이던 다이시 군은 정신과 전문의에게 이제야 도청장치가 설치되지 않은 곳에서 말할 수 있게 되어 마음이 편안해졌다고 말했다. 다이시 군에 의하면, 문제가 시작된 것은 3개월 전 일본에 다녀온 이후부터였다. 문제 발생의 첫 조짐은 그가 강의실에 들어갔을 때 동기생들이 재채기를 하고 이상하게 큰 소리로 웃는 등의 행동이었다. 강의를 마치고 집에 돌아온 어느 날인가는 수상한 사람 2명이 그의 아파트 주변에서 배회하고 있는 광경을 목격한 다이시 군은 이들이 거기에서 서성이는 이유가 무엇인지 궁금했다고 말했다.

다이시 군은 수상한 사람들이 자신의 아파트 주변에서 배회한 후로부터 일주일 정도 지나서 아파트에 도청장치가 설치된 사실을 알게 되었다고 했다. 그가 TV를 시청할 때도 리포터들이 자신에 관하여 간접적·비판적으로 논평하고 있음을 알 수 있었다. 급기야 폭스 뉴스Fox News를 시청하게 되면서 이러한 경험이 만방에 알려진 사실을 깨닫게 되었다고 했다. 다이시 군은 그동안 자신이 표적이 되어 온 것은 자신의 "뛰어난 지능"과 자신이 장차 일본의 수상이 되고자 하는 의도 때문이라고 믿었다. 그는 폭스 뉴스가 보수적인 생각을 자신의 뇌에 심어 놓음으로써 자신을 '미치게' 만들려고 한다고 믿었다. 또한 이러한 일은 자신의 아파트에 설치해 놓은 미세한 마인드 콘트롤 장치를 통해 일어나고 있다고 여겼다.

다이시 군은 이에 대한 경계를 늦추지 않게 되면서 점차 잠을 이룰 수 없게 되었다. 그는 자신이 다니는 학교와 자신이 거주하고 있는 아파트 단지에 있는 모든 사람이 이러한 '음모에 가담하고 있다'는 공포에 휩싸였다. 그 후 그는 철수행동을 나타냈고, 강의에도 출석하지 않으면서 단순히 식사와 기본적인 위생관리만 하게 되었다.

다이시 군은 고양된 감정이나 다행감은 없다고 했다. 그는 자신의 기력 수준은 "오케이" 상태며, 자신의 사고는 "그들이 어떤 사고를 자신의 머리에 집어넣으려고 하는 때"를 제외하고는 명료하다고 했다. 그는 최근 일본을 방문한 기간 중 여러 시간 동안 극도의 공포감을 느꼈던 적이 있음을 인정했다. 당시 그는 "다량의 대마초"를 피우면서 이상한 소리를 듣게 되었고, 친구들이 자신을 향해 비웃고 있다는 생각이 들었다고 했다. 다이시 군은 미국에 돌아온 이후에는 술 한 방울도 입에 댄 적이 없으며, 대마는 물론 다른 어떤 물질도 남용한 사실이 없다고 말했다. 그는 환청이나 환시 같은 증상을 경험해 본 적이 단 한 번도 없었다고 잘라 말했다.

경비원으로 일하고 있는 다이시 군 삼촌과의 면담 당시, 그는 자신의 조카를 건강하고 머리가 좋으며 정신질환을 앓아 본 적이 없는 다소 수줍어하는 아이로 묘사했다. 그는 다이시 군의 아버지가 "조금 엄격한 것 같지만", 부모는 둘 다 대체로 애정이 풍부하고 지지적인 사람들이라고 했다. 다이시 군의 가족들에게는 주요 정신질환의 병력은 없었다.

검사 당시, 다이시 군의 용모는 단정했고 협조적이었으며, 정신운동 활동도 정상적이었다. 그는 조리 있고, 목표지향적으로 말했으며, 자신의 기분 상태를 "두려움afraid"으로 묘사했다. 그의 감정표현의 범위와 유동성mobility은 정상이었다. 그는 죄의식, 자살사고 또는 무가치감은 들지 않는다고 했다. 그는 자신이 계속해서 감시당할 것이고, 자신의 아파트에 "마인드 컨트롤" 장치가 있다는 사실에 대해서는 확신하고 있으나, 환각 증상은 없다고 했다. 다이시 군의 인지기능 상태는 전반적으로 정상 범주에 들었으나, 자신의 신념에 대한 병식은 없는 것 같았다. 다이시 군의 검사실 검사결과는 정상이었고, 두부 컴퓨터 단층촬영 검사결과도 특이사항이 없었으며, 소변 약물검사 결과 역시 물질남용에 대해 음성 반응을 나타냈다.

## 진단

- 망상장애, 혼합형

## 논의

다이시 군은 망상장애 기준에 부합된다. 망상장애의 진단기준은 한 가지 또는 그 이상의 망상이 1개월 이상 지속되어야 하고, 다른 정신병적 증상이 없어야 한다. 다이시 군의 망상은 대부분 피해형이면서 감시장치와 관련된 것이다. 그에게는 관계망상delusion of reference(그를 보고 재채기를 하고 큰 소리로 웃는 급우들), 괴롭힘("나를 미치게 하려는" 감시장치), 사고주입("내 머릿속에 생각을 집어넣으려고 하는 장치들")이 있다. 다이시 군 자신이 표적이 되어 왔다는 진술의 동기가 과장(그의 "뛰어난 지능"과 일본의 수상이 되려는 계획)된 것 같다는 점을 고려할 때, "혼합형" 명시자가 확실시되지만, 조증의 다른 증상은 없는 것 같다.

기타 정신병적 장애 역시 고려되어야 한다. 증상의 지속기간이 3개월이라는 사실은 단기 정신병적 장애(1개월 미만)치고는 너무 길고, 조현병으로서는 너무 짧지만, 조현양상장애(지속기간이 1~6개월)에는 적절하다. 그러나 다이시 군은 조현양상장애의 진단에 필요한 이차 증상(예, 환각, 음성 증상 또는 와해)은 없는 것 같다. DSM-IV에서는 단일 괴이한 망상—사고주입 망상—은 조현양상장애(또는 조현병)에 적절했겠지만, 괴이한 망상은 DSM-5의 조현병 스펙트럼 장애로는 더 이상 특별한 증상으로 취급되지 않는다.

다이시 군의 경우, 조증 또는 주요우울증 기분 증상이 없으므로, 양극성장애(정신병적 증상 동반), 주요우울장애(정신병적 증상 동반) 또는 조현정동장애 진단은 배제된다.

단, 다이시 군이 최근에 심각할 정도로 대마를 사용했다는 점을 감안할 때, 물질로 유발된 정신병적 장애가 고려되어야 한다. 그의 증상들은 정신병의 원인으로 알려진 물질(대마, 펜시클리딘과 같은 다른 물질을 섞거나 섞지 않은 상태)의 사용 직후에 발병된 것으로 보인다. 대마는 다이시 군에게 정신병을 촉발시킬 수 있으므로, 앞으로 대마 사용을 자제해야 할 것이다. 그러나 DSM-5에서는 증상이 물질 사용을 중단한 이후에도 상당한 기간(예, 1개월) 지속되는 경우에는 물질로 유발된 정신병적 장애를 배제하고 있다.

## 읽을거리

Cermolacce M, Sass L., Parnas J: What is bizarre about bizarre delusions? A critical review. Schizophr Bull 36(4):667-679, 2010

Nordgaard J, Arnfred SM, Handest P, Pamas J: The diagnostic status of first-rank symptoms. Schizophr Bull 34(1):137-154, 2008

Tandon R: The nosology of schizophrenia: toward DSM-5 and ICD-11. Psychiatr Clin North Am 35(3):557-569, 2012 PubMed ID: 22929866

Tandon R, Carpenter WT: DSM-5 status of psychotic disorders: 1 year prepublication. Schizophr Bull 38(3):369-370, 2012

# 사례 5: 슬픔과 정신병 환자
Sad and Psychotic

*Stephan Heckers, M.D., M.Sc.*

존 에반스John Evans(25세, 남, 백인)는 현재 실직 상태의 독신으로, 이미 수년 전부터 정신과 전문의에게 정신병, 우울증, 불안, 대마초marijuana와 알코올 남용에 대한 관리를 받아 오고 있었다.

정상적인 아동기를 보낸 에반스 군은 15세가 되면서 불쾌감, 무쾌감증, 기력감퇴, 사회적 고립 증상을 보이기 시작했다. 거의 같은 시기에, 에반스 군은 매일 음주를 일삼고 대마초를 피우기 시작했다. 게다가 갑작스러운 심계항진palpitations[*역자 주. 심장이 두근거리는 증상], 발한diaphoresis, 그리고 곧 죽을 것 같은 생각이 특징적으로 나타나는 재발성 공황발작 증상이 나타났다. 심한 우울증과 공황 상태가 되었을 때, 에반스 군은 매일 서트랄린sertraline 100mg 복용과 심리치료를 병행하는 치료를 두 차례 받았다. 치료를 받기 시작한 지 몇 주가 지나자, 가장 심했던 우울증 증상들이 사라졌다. 그로부터 수개월 후, 에반스 군은 서트랄린 복용을 중단했다. 고도의 우울증 삽화들 사이에도 에반스 군은 전반적으로 슬프고, 초조하며, 의욕이 상실된 모습을 보였다. 그의 학업 성적은 10학년 경부터 급락하여 고등학교 내내 거의 최하위를 면치 못했다. 에반스 군은 부모의 기대에도 불구하고 대학에 진학하지 않았고, 대신 집에 머무르면서 집 근처에서 아르바이트를 했다.

20세가 되자, 에반스 군에게 정신병적 삽화가 생겼다. 내용인즉, 자신이 6세 때 사람들을 살해했다고 확신하는 것이었다. 그들이 누구였고 어떤 상황이었는지는 잘 기억할 수 없지만, 에반스 군은 이 일들이 틀림없이 일어났다고 확신했다. 확신의 근거는 자신을 살인자라고 비난하는 목소리가 끊임없이 들렸기 때문이었다. 그는 또한 다른 사람들이 자신의 행위에 대해 벌할 것이고, 결국 자신이 목숨을 잃게 될 것이라면서 두려워했다.

그로부터 몇 주 동안, 에반스 군은 죄책감에 시달렸다. 급기야 손목을 칼로 그어서 자살해야겠다는 생각에 집착하게 되면서 정신과 병동에 입원하게 되었다. 입원 당시, 그는 불안에 휩싸여 있었고, 이틀 후에는 두드러지게 무쾌감증, 불규칙한 수면, 식욕감퇴, 집중력 약화 등의 증세가 나타났다. 그러나 항정신병 약물치료와 항우울제 약물치료가 병행되자, 우울증과 정신병적 증상들은 4주가 지나면서 사라졌다. 정신병적 삽화의 총 지속기간은 7주 정도였다. 이 중 4주는 주요우울증 증상도 함께 나타났다. 에반스 군은 22세가 되기 전까지 같은 증상 패턴으로 두 차례나 입원했다. 그때마다 자신이 어릴 적 누군가를 살해했다는 확신과 관련된 망상과 환각 증세가 수 주간 지속되었고, 이어 고도의 우울증이 수개월간 지속되곤 했다. 이 두 차례의 증상은 그가 적정한 양의 항정신병 약물과 항우울제 약물을 복용하던 중에 재발되었다. 평가를 받기 3년 전, 에반스 군은 클로자핀을 복용하고 있었고 환각이나 망상은 나타나지 않았다. 또한 항우울제 약물치료와 지지적 심리치료를 받고 있었지만, 불쾌감, 과민성, 무동기증은 완전히 사라지지 않았다.

에반스 군의 병력은 15세 때 시작한 대마초와 알코올 남용으로 심한 정도였다. 20세 때, 정신병이 발병하기 전에는 몇 주 동안 거의 매일 대마초와 폭음을 병행하다가 수차례 의식을 잃었다. 정신병이 발병한 이후에는 대마초와 알코올 사용량을 크게 줄여서 두 차례나 수개월간 입에 대지 않은 적도 있다. 그러나 정신병적 삽화들은 22세가 되던 해까지 계속해서 나타났다. 에반스 군은 알코올중독자모임 Alcoholics Anonymous과 약물중독자모임 Narcotics Anonymous 집단에 참여하기 시작했다. 에반스 군은 23세가 되면서 대마초와 술을 끊었고, 그 후 2년간 이 상태를 유지해 오고 있다.

## 진단

- 조현정동장애, 우울형
- 알코올사용장애, 관해
- 대마초사용장애, 관해

## 논의

에반스 군은 청소년기 이후부터 우울증과 불안증에 시달리면서, 대마초와 알코올의 잦은 사용으로 증세를 더욱 악화시켰다. 처음에 치료진은 그를 우울증과 공황장애panic disorder로 진단했고, 진단에 맞추어 치료를 진행했다. 에반스 군은 가족들의 기대에도 불구하고 대학에 진학하지 않았다. 게다가 고등학교를 졸업한 이후로 직장생활도 하지 않았다. 20세가 되던 해에는 정신병으로 정신병원에 입원까지 했다.

에반스 군의 주요 정신병적 증상은 피해망상과 살인에 대한 기억착오paramnesias를 동반한 편집증paranoia이다. 망상은 환청에 의해 악화되었고, 환청은 망상을 확인하는 수단으로 활용되었다. 20~23세 때는 망상과 환각 증상이 거의 매일 나타났는데, 클로자핀을 복용하자 곧 해소되었다. 에반스 군은 기억곤란을 호소하고 있지만, 뚜렷한 인지 손상이나 사고와해는 나타나지 않았다. 그는 사회적으로 고립되어 있고, 다른 사람들과 최소 수준으로 교류할 수 있을 정도의 상태에 있다. 그의 정신병적 증상의 범위, 심각도, 지속기간은 조현병 스펙트럼 장애 진단과 일치한다.

정신병은 수년간 우울증, 불안, 공황발작에 이어 발병되었다. 정신질환이 발병된 이래, 그는 우울증의 다중 삽화를 겪어 왔다. 이러한 삽화들은 망상과 환각 기간이 지나면서 발병되었고, 극심한 죄책감, 현저한 무쾌감증, 수면곤란, 간헐적인 과민성 폭발 양상을 보이고 있다. 정신병과 우울증의 강도가 정점에 이르게 되는 경우, 자살 위험에 처할 수 있다.

그러므로 에반스 군은 DSM-5의 조현정동장애에 부합된다. 그에게는 주요우울 증상들과 조현병 증상들이 동시에 발병하여 지속되는 기간이 있었다. 그는 현저한 기분 증상이 없는 상태에서 몇 주 동안 지속되는 환각과 망상을 겪곤 했다. 조현병의 활성 및 잔류 부분이 발병된 이래, 주요우울 증상들이 대부분의 시간 동안 나타났다.

에반스 군은 8년간 대마초와 알코올을 사용했다. 이는 그의 기분 및 정신병적 증상 발병에 영향을 미쳤을 수 있다. 그러나 20~22세 때, 수개월간 대마초와 알코올 사용을 중단하게 되면서, 그는 계속해서 심한 망상, 환각, 우울증을 겪었다. 알코올 또는 대마로 유발된 우울증, 불안 또는 정신병적 장애가 에반스 군의 삶의 다양한 시점에서 고려될 수 있었을 것이다. 그렇지만 대마초와 알코올 사용을 중단한 이후에도 수개월 동안 기분 및 정신병적 증상이 지속된 사실은 그에게 물질로 유발된 정신과 장애가 없음을 보여 주고 있다.

항정신병 약물치료, 항우울제, 기분안정제를 통한 치료에 대한 에반스 군의 반응은 전형적인 패턴을 보였다. 즉, 에반스 군은 수차례의 항정신병 약물치료가 효과가 없었고, 증상이 악화된 기간에는 몇 가지 치료가 병행되었으며, 항우울제 또는 항정신병 약물의 복용량을 감소시켜 보려는 노력도 실패로 돌아갔다.

DSM-5의 조현정동장애 진단에 있어서 한 가지 복잡한 요인은 DSM-5에서는 기분장애가 조현병의 활성기와 잔류기에 발병되어야 함을 필수요건으로 정하고 있지만, 기분장애와 정신병적 장애는 치료 반응과 임상 경과에 따라 크게 달라지는 경향이 있다. 예를 들어, 우울장애와 양극성장애는 치료 반응과 임상적 경과에 있어서 순환되는 특성이 있는 반면, 조현병은—일단 발병하면—지속되는 경향이 있다. 게다가 우울장애와 양극성장애는 조현병보다 치료에 더 잘 반응하는 경향이 있다. 그 이유는 조현병 진단에 사용할 수 있는 시간에 조현병의 잔류기에 포함되기 때문이다. 이는 정신의학적 개입에 대한 저항 요인이 될 수 있다. 따라서 조현정동장애 기준의 강화가 환자군의 확인과 치료에 어떻게 영향을 미치게 될지는 계속 지켜봐야 할 것이다.

## 읽을거리

Heckers S: Diagnostic criteria for schizoaffective disorder. Expert Rev Neurother 12(1):1-3, 2012

# 사례 6: 정신병과 대마
Psychosis and Cannabis

*Melissa Nau, M.D.*
*Heather Warm, M.D.*

케빈 포스터Kevin Foster(32세, 남, 기혼)는 양극성장애 병력이 있는 백인으로, 호텔 창밖으로 뛰어내리겠다고 위협하다가 그의 아내가 911에 전화를 걸어 경찰에 의해 응급실(ER)에 실려 왔다.

삽화 발생 당시, 포스터 씨 부부는 결혼 5주년 기념을 위한 휴가를 보내던 중이었다. 결혼 5주년을 기념하기 위해 두 사람은 각자의 몸에 문신을 새기기로 했다. 그 후, 이들은 근처 공원에 가서 포스터 씨가 사온 대마초를 피웠다. 한 시간이 지나자, 포스터 씨는 자신의 몸에 새겨진 문신의 문양에 신비로운 의미와 힘이 담겨 있다는 생각이 들기 시작했다. 또한 문신 아티스트가 자신에게 해를 입히기 위해 다른 사람들과 음모를 꾸미고 있고, 아내와 바람까지 피우고 있다고 확신하게 되었다. 호텔에 돌아오자, 포스터 씨는 아내의 휴대폰에서 부정을 저지른 증거를 찾고는 창문 밖으로 뛰어내리겠다고 위협했다. 환자의 아내는 응급실 담당 의사였다. 그녀는 환자에게 수면을 취하도록 설득했고, 그것으로 이 삽화가 해결되었다고 생각했다.

하지만 다음 날, 그에게는 여전히 편집증과 망상이 남아 있었다. 포스터 씨는 다시 창문 밖으로 뛰어내리겠다고 위협했고, 아내에게 그녀가 잠들면 그녀를 살해할 수도 있다는 생각을 내비쳤다. 포스터 씨의 아내는 곧바로 911에 전화를 걸었고, 포스터 씨는 결국 근처의 대형병원 응급실로 실려 오게 되었다. 그날 이후 그는 명시되지 않는 정신병적 장애로 진단받고 급성 입원환자 정신과 병동에 입원했다.

환자는 18세부터 간헐적으로 대마를 피워 오다가 입원하기 5년 전부터는 매일 피웠다. 포스터 씨 부부는 포스터 씨가 다른 불법 물질은 사용하지 않고 있고, 술도 거의 마시지 않는다고 했다. 1년 전까지 포스터 씨는 정신과 전문의를 만난 적이 없었고, 그에게 심한 정신의학적 문제가 있다고 여긴 친구들과 가족은 아무도 없었다.

그러나 과거에 포스터 씨는 정신의학적 문제로 네 차례나 입원한 적이 있다. 그는 고전적인 조증 증상으로 두 차례, 자살 우울증으로 한 차례 입원한 적이 있었다. 게다가 이번 삽화가 발생하기 7개월 전에는 6주간 대마로 유발된 정신병 삽화로 입원한 적이 있다. 이때는 리스페리돈risperidone으로 잘 치료되었다. 당시 그의 주요 증상은 편집증이었다. 이번에 입원하기 2개월 전, 그는 1개월 과정인 대마사용장애로 입원한 환자들을 위한 물질남용치료 프로그램에 등록했다. 그는 재활시설에서 퇴원한 이래, 이번에 입원한 주말까지 대마초, 알코올 또는 다른 어떤 물질도 사용하지 않았다. 또한 3개월간의 리튬 단일요법monotherapy을 받는 동안 잘 기능하고 있었다.

포스터 씨는 대학 졸업 후 영화 편집자로 꾸준히 일하고 있었다. 그의 아버지에게는 양극성장애가 있었고, 친할아버지는 총으로 자살했으나, 진단명은 알려지지 않았다.

입원한 지 이틀째 되던 날, 환자는 자신의 아내가 바람을 피우지 않았고, 문신의 문양은 아무 의미가 없다는 사실을 깨달았다. 입원한 지 사흘이 되자, 그는 자발적으로 편집증은 대마 중독의 결과라고 말했다. 그는 리스페리돈 복용을 중단하고, 대신 리튬 단일요법을 계속해서 받기로 했다. 그는 외래환자 정신과 전문의와 진료 약속을 한 뒤 퇴원했다.

## 진단

- 대마로 유발된 정신병적 장애
- 양극성장애, 관해

## 논의

포스터 씨는 대마초를 피운 후 자신의 몸에 새겨진 문신의 문양에 신비로운 의미와 힘이 있다는 믿음을 갖게 되었다. 몇 시간이 지나자, 그는 문신 아티스트를 의심하게 되었고, 망상과 함께 질투심을 품게 되었다. 그는 또한 아내를 살해하고 자살하겠다고 위협까지 함으로써, 급기야 정신과 병동에 입원했다. 며칠이 지나자 정신병적 증상들은 사라졌고, 환자는 적절한 병식을 되찾았다. 이러한 증상 경로는 DSM-5의 물질/약물치료로 유발된 정신병적 장애에 부합된다. 이 장애로 진단되려면, 물질중독(또는 금단이나 약물치료 노출) 동안 또는 직후에 발병되는 망상이나 환각이 있어야 한다.

대마로 유발된 정신병적 장애에 대한 추가적인 DSM-5 진단기준은 포스터 씨의 망상이 우울증이나 조증 같은 원발성 정신병적 장애에 의해 잘 설명되고 있지 않아야 한다는 것이다. 그의 증상들은 3일 이내에 모두 사라졌다. 이는 대마로 유발된 정신병에서는 전형적인 현상이지만, 독립적인 정신병적 장애에서는 그렇지 않다. 증상이 신속하게 사라졌다는 것은 대마가 증상 발생에 기여했을 가능성을 뒷받침하고 있다.

포스터 씨의 정신과 병력은 2가지 측면에서 진단을 복잡하게 하고 있다. 첫째, 포스터 씨가 과거에 정신병원에 입원했던 네 차례 가운데 한 번은 대마계를 사용하다가 편집성 망상이 발병하여 6주간 입원했다. 편집성 망상이 실제로 얼마나 지속되었는지는 명확하지 않지만, 대마로 유발된 정신병이 발병되는 전형적인 기간보다는 훨씬 더 길었던 것 같다. DSM-5에서는 특별히 노출 후 1개월 이상 지속되는 정신병은 물질로 유발된 것이라기보다는 독립적인 것일 수 있다고 경고하고 있다.

둘째, 포스터 씨가 나머지 세 차례 정신과 병동에 입원한 것 중 두 차례는 "고전적인" 조증이었고, 나머지 한 차례는 "자살 우울증suicidal depression" 때문이었다. 편집증 또는 정신병이 이러한 삽화의 일부였는지는 명확하지 않다. DSM-5에서는 재발성 비물질 관련 정신병적 삽화의 병력이 물질로 유발된 정신병을 덜 유발시킬 것이라는 점을 지적하고 있다.

이러한 정신과 삽화들이 단일 진단군 아래에 한데 모아질 수 있는지는 분명치 않다. 예를 들어, 포스터 씨는 우울증과 조증의 재발성 삽화들을 동반한 양극성장애를 가지고 있을 수 있다. 대마초가 그의 수면에 도움을 주었을 수 있지만—이것이 조증 증상을 감소시킬 수 있을 것이다—삽화 촉발의 원인도 될 수 있다. 만일 조증과 우울증 삽화(정신병 동반 또는 동반하지 않은)가 물질에 의해 촉발되지만 증상이 장기간 지속되지 않는다면, 가장 정확한 진단은 양극성장애가 될 것이다.

만일 유사 증상들이 물질을 사용하지 않는 상황에서 발병된다면, 이 진단이 맞을 것이다. 포스터 씨는 양극성장애의 가족력이 있다. 이러한 점은 더욱 양극성장애 진단을 뒷받침하고 있다. 다른 한편으로, 포스터 씨는 가장 최근의 정신병적 삽화기간에 기분 증상이 있었다고 언급하지 않았고, 정신병적 증상들은 2~3일 내에 사라졌다. 이러한 병력으로 볼 때, 포스터 씨가 과거에 양극성장애 기준에 부합되었지만, 현재는 관해된 것 같다.

포스터 씨의 경우, 다중 조현병 스펙트럼 장애를 고려해 볼 수 있다. 그러나 증상의 지속기간이 3일인 점을 고려한다면, 대부분의 진단은 가능한 대상에서 배제된다. 게다가 포스터 씨는 오직 한 가지 영역(망상)에서 영향을 받은 것 같다. 망상장애에는 한 가지 망상이 포함되지만, 최소 지속기간은 1개월이다. 단기 정신병적 장애 역시 4가지 원발성 조현병 스펙트럼 증상 가운데 한 가지 증상만이 요구되지만, 촉발 요인이 물질 또는 약물치료로 인한 것인지에 대한 평가가 필요하다. 그렇다면 당분간은 대마로 유발된 정신병적 장애가 포스터 씨의 특정 삽화에 대한 진단으로 가장 적합할 것으로 보인다. 더욱 명확한 진단을 내리기 위해서는 이전의 진료 기록을 보다 철저하게 조사해 볼 필요가 있지만, 훨씬 더 도움이 되는 방법은 지속적인 종단적 후속 검사일 것이다.

## 읽을거리

Caton CL, Hasin DS, Shrout PE, et al: Stability of early-phase primary psychotic disorders with concurrent substance use and substance-induced psychosis. Br J Psychiatry 190: 105-111, 2007

Ekleberry S: Treating Co-occurring Disorders: A Handbook for Mental Health and Substance Abuse Professionals. Binghamton, NY, Haworth, 2004

Grant BF, Stinson FS, Dawson DA, et al: Prevalence and co-occurrence of substance use disorders and independent mood and anxiety disorders: results from the National Epidemiologic Survey on Alcohol and Related Conditions. Arch Gen Psychiatry 61(8): 807-816, 2004

Pettinati HM, O'Brien CP, Dundon WD: Current status of co-occurring mood and substance use of disorders: a new therapeutic target. Am J Psychiatry 170(1):23-30, 2013

## 사례 7: 벼룩의 체내침투

Flea Infestation

*Julie B. Penzner, M.D.*

라라 곤잘레즈Lara Gonzalez(51세, 여, 이혼)는 프리랜서 저널리스트로, 스스로 응급실을 찾아와서 벼룩의 체내침투infestation 여부 확인을 위한 피부과 검진을 요청했다. 피부검사에서 벼룩이 체내에 침투했다는 증거가 발견되지 않자, 곤잘레즈 부인은 집에 있는 것이 안전하지 않다는 이유로, '명시되지 않는 정신병적 장애' 진단을 받고 정신과 진료 환자로 입원했다.

벼룩에 대한 곤잘레즈 부인의 불안감은 삽화 발생 일주일 전에 시작되었다. 재정적 스트레스로 고민하던 그녀는 자신의 집에 있는 여분의 방을 임시로 세를 주었고, 이웃집 애완동물을 돌봐 주기 시작했다. 이 상황에서 곤잘레즈 부인은 밤색을 띠고 있는 벌레들이 자신의 피부와 벽을 파고드는가 하면, 집 안의 양탄자와 매트리스를 온통 뒤덮고 있음을 감지했다. 그녀는 벼룩들이 "옷 안에서 바스락거리면서 긁는" 소리를 내고 있다고 확신하고는 옷가지를 모두 가방에 담아서 버렸다. 그 후 곤잘레즈 부인은 잠 못 이루는 나날을 보냈다. 또한 벼룩이 세입자의 눈에 띄면 월세를 내지 않을 것 같은 두려움 때문에 삽화가 나타나기에 앞서 36시간 동안 집 안을 미친 듯이 청소하기도 했다.

곤잘레즈 부인은 샴푸 사용이 동물의 체내침투를 처치할 수 있다는 생각으로 샴푸로 여러 번 샤워를 했다. 그러고는 소독업자를 불러서 조사해 보게 했으나, 벼룩이 있다는 증거를 발견하지 못했다. 그녀는 소독업자의 말을 믿지 않았다. 그녀는 벼룩의 침투에 대해 언짢아했을 뿐, 우울증이나 조증 또는 편집증 등의 문제는 보이지 않았다. 그녀는 약물 복용 문제가 없고, 술도 마시지 않았으며, 가족 중에도 정신질환 병력이 있는 사람은 없었다. 곤잘레즈 부인은 과거에 한 차례 우울증으로 잠시 항우울제 치료를 받은 적은 있지만, 이와 관련된 의학적 문제는 없었다.

곤잘레즈 부인이 벼룩에 대해 걱정하게 된 것은 언니의 침습성 암invasive cancer 발병, 자신의 폐경기, 재정문제로 고국 아르헨티나로 되돌아갈 수도 있는 상황, 최근 남자 친구와의 결별 등 복합적인 상황이 겹치면서 시작되었다. 그녀는 자신을 감염공포증contamination phobias에 사로잡혀 있는 사람으로 묘사하면서 불안한 상황에서는 더욱 악화되곤 했다고 말했다.

정신상태 검사 당시 곤잘레즈 부인은 차분했고, 대화의 내용에 적절하게 시선 접촉을 유지하면서 대화에 잘 참여했다. 그녀는 검진을 기다리는 동안 병원에서 수집했다면서, '벼룩과 애벌레들'을 담았다는 조그만 비닐봉지를 내밀었다. 그러나 비닐봉지에는 보푸라기 실과 석고 조각만이 담겨 있었다. 그러자 그녀는 절박한 어조로 "지금 너무 슬프다"고 말했다. 그녀는 가끔 울먹이면서도 미소를 지어 보이곤 했다. 그녀의 사고는 지나치게 포괄적이었고, 온통 벼룩에만 초점이 맞추어져 있었다. 그녀는 머리에서 머리털 하나가 떨어질 때마다 애벌레로 변할 것이라는 믿음을 피력했다. 그녀는 눈물을 흘릴 때도 벼룩의 알이 눈물관을 통해 나왔다고 믿었다. 곤잘레즈 부인은 자살이나 살인을 저지를 가능성은 없어 보였다. 그러면서도 그녀에게 보푸라기 실은 애벌레였고, 그녀는 자신의 몸이 벼룩들로 들끓고 있다는 확고부동한 믿음을 피력했다. 그녀는 환각은 없다고 했고, 인지기능은 온전했다. 그녀의 병식은 손상되었으나, 판단력은 비교적 적절한 것 같았다.

피부과 검사 결과, 곤잘레즈 부인의 피부로부터 곤충이나 애벌레가 검출되지 않았다. 신경학적 검사, 두부 컴퓨터 단층촬영, 검사실 정밀검사, 독소검사 결과 모두 정상이었다. 곤잘레즈 부인은 소량의 항정신병 약물치료를 처방받은 후 퇴원했고, 매주 지지적인 심리치료를 받게 되었다. 그녀의 집착 증상은 며칠 이내에 호전되었고, 2주가 지나기도 전에 완전히 해소되었다. 곤잘레즈 부인은 벼룩이 자신의 피부에 침투했다는 신념은 '미친 생각'이라고 할 정도로 적절한 병식을 갖게 되었다. 그녀는 자신의 '현실 와해'를 복합적인 스트레스 요인 때문이라고 보았다. 그리고 자신의 망상을 실제 문제로부터 주의를 돌리는 수단으로 삼은 것 같다고 분명히 설명할 수 있었다. 곤잘레즈 부인의 가족들은 그녀가 정상을 되찾았다는 사실을 입증할 수 있었다.

## 진단

• 단기 정신병적 장애, 현저한 스트레스 요인을 동반하는 경우

## 논의

단시일 내에 병전premorbid 기능을 회복한 곤잘레즈 부인의 망상은 현저한 스트레스 요인을 동반한 단기 정신병적 장애 진단의 가능성을 보이고 있다. 종전에는 "단기 반응성 정신병brief reactive psychosis"으로 불렸던 단기 정신병적 장애(현저한 고통 요인을 동반 또는 동반하지 않는 경우)는 기초선으로 회복되기 전까지는 진단될 수 없다. 이러한 상태에 대한 감별진단은 중요하다.

입원 당시, 환자는 "명시되지 않는 정신병적 장애"로 진단되었다. 이 진단명은 정신병적 증상이 있지만 정보가 불충분할 때 사용된다. 증상이 단시일 내에 사라진 경우에 한해서 곤잘레즈 부인은 단기 정신병적 장애로 진단될 수 있을 것이다. 그녀는 자신의 병식을 신속하게 회복했고, 자신의 증상을 선행 스트레스 요인들

과 연결시켰다. 치료를 통해 급성 정신병적 삽화의 지속기간은 줄일 수 있지만, DSM-5에서는 삽화가 1개월 미만 동안 지속되어야 한다는 필수요건에 치료 요인은 고려하지 않고 있다.

스트레스 요인이 긍정적으로 작용하는지(예, 결혼, 새로운 직장, 갓 태어난 아기), 부정적으로 작용하는지(곤잘레즈 부인의 사례에서처럼)는 살펴볼 가치가 있다. 좋은 예후는 흔히 좋은 병전기능의 병력, 현저한 급성 스트레스 요인, 정신과 질환의 가족력 또는 개인의 병력이 없는 것과 연관이 있다.

곤잘레즈 부인의 불면, 행동의 동요, 병전 우울증 병력 역시 양극성 삽화를 암시할 수 있지만, 이 진단을 뒷받침하는 다른 증상은 없다. 마찬가지로, 벼룩의 체내 침투에 대한 망상적 강박관념은 망상장애의 가능성을 뒷받침하고 있지만, 곤잘레즈 부인의 증상은 너무 빨리 사라졌다는 점에서 이러한 가능성은 희박하다. 성격장애가 있는 환자들은 "마이크로 정신병micropsychoses"을 가지고 있을 수 있다. 그러나 곤잘레즈 부인은 성격장애나 특정한 성격적 취약점이 있는 것 같지는 않다. 꾀병과 인위성장애는 섬망과 다른 의학적으로 중재된 질병과 마찬가지로 진단으로 적절치 않은 것 같다.

단기 정신병적 삽화들은 모집단에서의 유병률이 낮다. 이는 단기 정신병이 특이하다는 사실을 암시하고 있다. 또한 정신병적 증상이 매우 짧게 지속되는 사람들은 정신과 도움을 찾지 않을 수 있다는 것을 암시할 수도 있다. 증상 발병기간이 짧고 예측이 불가능하다는 점 역시 연구를 어렵게 하지만, 특정 임상가 또는 기관의 전문성 개발을 위한 계기가 되기도 한다. 단기 정신병적 삽화들은 또한 시간이 지나면서 비교적 안정성이 떨어진다는 특징이 있다. 이는 단기 정신병적 삽화—조현병과는 달리—는 지속기간이 짧다고 정의되어 있고, 증상의 관해와 신중한 후속검사 없이는 진단조차 할 수 없다는 점을 고려한다면 이해가 된다.

## 읽을거리

Jørgensen P, Bennedsen B, Christensen J, Hyllested A: Acute and Transient psychotic disorder: comorbidity with personality disorder. Acta Psychiatr Scand 94(6):460–464, 1996

Salvatore P, Baldessarini RJ, Tohen M, et al: McLean–Harvard International First–Episode Project: two–year stability of DSM–IV diagnoses in 500 first–episode psychotic disorder patients. J Clin Psychiatry 70(4):458–466, 2009

# 04

# 조현병 스펙트럼 및 기타 정신병적 장애

## DSM-5® 확인문제

01 조현정동장애의 진단기준 A에서는 조현병의 진단기준 A에 부합되는 동안 중단되지 않는 유병기간이 필수요건으로 제시되어 있다. 다음 중 조현정동장애의 진단기준을 충족시키기 위해 반드시 나타나야 하는 추가 증상은?

A. 불안 삽화-공황 또는 범불안

B. REM수면 행동장애

C. 주요 우울 또는 조증 삽화

D. 경조증

E. 순환성장애

02 DSM-5의 조현정동장애 진단을 위해서는 주요우울 삽화 또는 조증 삽화가 증상의 일부여야 한다는 필수요건이 있다. 조현정동장애를 정신병적 양상 동반 우울장애 또는 양극성장애와 분리하려면, 다음 중 평생 유병기간 동안 특정 시점에 주요 기분 삽화가 없는 상태에서 적어도 2주간 발현되어야 할 증상은?

A. 망상 또는 환각

B. 망상 또는 편집증

C. 퇴행행동

D. 투사적 동일시

E. 폭식

03 27세 미혼인 트럭 운전기사는 5년간의 조현병 활성기 및 잔류기 증상 병력이 있다. 그는 4개월간 지속되다가 치료를 통해 해소되었지만, 주요우울증 진단범주에는 부합되지 않는 우울 기분과 무쾌감증을 비롯한 우울증 증상을 보이고 있다. 이러한 임상적 발현에 가장 적합한 진단은?

A. 조현정동장애

B. 명시되지 않는 조현병 스펙트럼 및 기타 정신병적 장애

C. 명시되지 않는 우울장애

D. 조현병과 명시되지 않는 우울장애

E. 명시되지 않는 양극성 및 관련 장애

04 조현정동장애는 조현병에 비해 얼마나 자주 발병되는가?

A. 아주 더 자주

B. 2배 더 자주

C. 동일하게 자주

D. 1/2 정도로 자주

E. 1/3 정도로 자주

05 30세 독신여성은 2개월간 환청과 피해망상을 겪고 있고, 3개월간 슬픈 기분, 무쾌감증, 그리고 자살사고를 동반한 주요우울 삽화로 이어졌다고 호소한다. 우울 삽화는 약물치료와 심리치료로 해소되었지만, 정신병적 증상들은 해소되기 전 1개월 더 지속되고 있다. 이러한 임상상에 가장 적합한 진단은?

A. 단기 정신병적 장애

B. 조현정동장애

C. 주요우울장애

D. 주요우울장애 정신병적 양상 동반

E. 제I형 양극성장애, 현재 삽화 조증, 혼합 양상 동반

06 다음 중 조현정동장애의 발생률에 관한 진술로 옳은 것은?

A. 발생률은 여성과 남성이 동일하다.

B. 발생률은 남성에게서 더 높다.

C. 발생률은 여성에게서 더 높다.

D. 발생률은 알려지지 않았다.

E. 발생률은 출생 계절에 따라 다르다.

07 만일 장해가 물질/약물치료로 인해 유발되지 않은 독립적인 정신병적 장애로 더 잘 설명되지 않는다면, 물질/약물치료로 유발된 정신병적 장애로 진단될 수 없다. 다음 중 독립적인 정신병적 장애의 증거가 될 수 없는 정신병적 증상의 발현은?

A. 심각한 중독 또는 급성 금단 발병에 앞서 나타나는 정신병적 증상
B. 정신병적 장애의 진단범주에 완전히 부합되고 심각한 중독 또는 급성 금단이 멈춘 이후 상당한 기간 동안 지속되는 정신병적 증상
C. 주어진 유형이나 사용된 물질의 양이나 사용기간에 기대되는 정도를 상당히 초과하는 정신병적 증상
D. 지속적인 물질 절제기간에 발생하는 정신병적 증상
E. 물질금단으로 인한 입원기간에 발생하는 정신병적 증상

08 알코올의존과 조현병의 알려진 병력이 있는 55세 남성이 명백한 망상과 환시 때문에 응급실에 실려 왔다. 다음 중 감별진단에 포함될 진단적 가능성이 없는 것은?

A. 조현병
B. 물질/약물치료로 유발된 정신병적 장애
C. 알코올의존
D. 다른 의학적 상태로 인한 정신병적 장애
E. 경계성 성격장애 정신병적 양상 동반

09 다음 중 DSM-5의 물질/약물치료로 유발된 정신병적 장애의 진단범주에 포함되는 명시자로 옳게 묶인 것은?

A. "중독 전 발병"과 "금단 전 발병"
B. "중독 기간 동안 발병"과 "금단 기간 동안 발병"
C. "좋은 예후 양상 있음"과 "좋은 예후 양상 없음"
D. "물질 사용 전 발병"과 "물질 사용 후 발병"
E. "긴장증 있음"과 "긴장증 없음"

10 전신성 홍반성 낭창systemic lupus erythematosus이 있어서 코르티코스테로이드로 치료를 받고 있는 65세 남성이 심각한 자동차 사고를 목격하게 된다. 그러자 그의 말이 와해되기 시작해서 며칠간 지속되다가 해소된다. 이러한 임상상에

가장 적합한 진단은?

A. 조현병
B. 전신성 홍반성 낭창과 연관된 정신병적 장애
C. 스테로이드로 유발된 정신병
D. 단기 정신병적 장애, 뚜렷한 스트레스 요인 동반
E. 조현정동장애

11 다음 중 "달리 명시된 조현병 스펙트럼 및 기타 정신병적 장애"로 적절하게 진단될 수 없는 정신병적 증상의 발현은?

A. 1개월 미만 동안 지속되었으나 아직 관해되지 않아서 단기 정신병적 장애의 진단범주에 부합되지 않는 정신병적 증상
B. 다른 특징이 없는 상태에서 발생하는 지속적인 환청
C. 정신병적 양상 동반 우울장애나 양극성장애, 단기 정신병적 장애, 다른 의학적 상태로 인한 정신병적 장애, 또는 물질/약물치료로 유발된 정신병적 장애의 진단범주에 부합되지 않는 산후정신병
D. 일시적으로 물질사용과 관련된 정신병적 증상
E. 망상장해 기간의 상당 부분 동안 발현되는 중첩된 기분 삽화기간에 발생하는 지속적인 망상

12 다음 중 조현병 진단에 있어서 정신병 환자로 분류되지 않는 환자의 발현은?

A. 환자는 자신이 특별한 사람이라고 말하는 목소리를 듣고 있다.
B. 환자는 자신을 전담하는 비밀경찰 조직에 의해 쫓기고 있다고 믿고 있다.
C. 환자는 재차 일어날 것 같은 느낌이 드는 전쟁 경험에 대한 플래시백을 가지고 있다.
D. 환자는 자신의 사고를 조직화할 수 없고 면담과정에서 반응을 중단할 수 없다.
E. 환자는 자동차 타이어를 자신의 허리에 두르고 있으면서 이에 대해 설명하지 못한다.

13 다음의 장애들 중 정신병적 증상을 발생시킬 수 있는 장애는?

A. 양극성장애와 우울장애

B. 물질사용장애

C. 외상후 스트레스장애

D. 다른 의학적 상태

E. 위의 보기 모두

14 32세 남성이 응급의학과에 찾아와서 고통과 초조함을 호소한다. 그는 자신의 누이가 남아메리카 여행 중 자동차 사고로 사망했다고 보고한다. 그 사실을 어떻게 알았느냐고 묻자, 그는 자신과 자신의 누이가 매우 가까워서 "바로 알 수 있다"고 말한다. 그에게 누이와 전화 통화를 하게 하자(그의 누이는 여행 중 친구들과 편안하게 쉬고 있었음), 이 남성은 누이가 살아 있어서 안심이 된다고 말한다. 다음 중 이러한 증거에 가장 잘 부합되는 진술은?

A. 그는 망상적 믿음을 가지고 있었다. 왜냐하면 타당한 근거 없이 그 믿음을 사실로 믿고 있었기 때문이다.

B. 그는 망상적 믿음을 가지고 있지 않았다. 왜냐하면 그 믿음은 새로운 증거에 따라 바뀌었기 때문이다.

C. 그는 과대망상을 가지고 있었다. 왜냐하면 그는 자신이 먼 곳에서 일어나는 일들을 알 수 있다고 믿었기 때문이다.

D. 그는 허무망상을 가지고 있었다. 왜냐하면 이 망상에 잘못된, 상상에 의한 파멸이 포함되어 있었기 때문이다.

E. 그는 망상을 가지고 있지 않았다. 왜냐하면 문화권에 따라서는 사람들이 정상적인 소통권 밖에 있는 가족구성원들에 관해 알 수 있다고 믿기도 하기 때문이다.

15 다음 중 흔히 망상의 유형으로 인식되지 않는 것은?

A. 피해

B. 색정

C. 외계인 납치
D. 신체
E. 과대

16 3개월간 홀로 지내 온 64세 남성이 그의 일차진료 의사의 조언으로 응급의학과를 찾았다. 이는 그가 옛날 사진을 보고 있거나 때로 잠을 청할 때 이미 세상을 떠난 아내가 자신의 이름을 부르는 소리가 들린다고 의사에게 보고한 이후였다. 그의 일차진료 의사는 그가 정신병 삽화를 겪고 있고 정신의학적 평가가 필요하다고 말한다. 다음 중 이러한 경험이 정신병으로 간주되지 않는 이유를 옳게 설명한 것은?

A. 그가 듣고 있는 목소리가 가족구성원의 것이기 때문
B. 이 경험이 그가 잠을 청할 때 발생하기 때문
C. 특정 활동으로 죽은 아내의 목소리를 들을 수 있게 되기 때문
D. 목소리가 그의 이름을 부르기 때문
E. B와 C

17 19세 대학생이 앰뷸런스로 응급의학과에 실려 왔다. 앰뷸런스를 부른 대학기숙사 사감은 그 학생이 고립을 자처하면서 자신의 방에서 서성거리는가 하면, 질문에 대해 반응을 보이지 않는다고 보고한다. 응급의학과에서 이 환자는 쭈그리고 앉은 채 간헐적으로 개 짖는 소리를 내곤 한다. 그의 소변 독소검사는 음성이고, 모든 검사실 소견은 정상범주 내에 있다. 이러한 증상에 대해 가장 잘 설명하고 있는 것은?

A. 동물 망상-환자는 자신이 개라고 믿고 있다.
B. 간헐적 폭발성 분노
C. 자기방위적 공격으로 이어지는 편집증 상태
D. 긴장증 행동
E. 사고형식장애

18 다음 중 조현병의 음성 증상에 해당되지 않는 것은?

A. 정동둔마

B. 동기 감소

C. 약화된 사고과정

D. 기능소실에 대한 슬픔

E. 사회적 흥미 결여

19 조현병 스펙트럼 및 기타 정신병적 장애는 5가지 영역 가운데 한 가지 또는 그 이상에 있어서의 비정상성으로 정의되는데, 이들 중 4가지는 정신병적 증상으로도 간주된다. 다음 중 정신병적 증상으로 간주되지 않는 것은?

A. 망상

B. 환각

C. 와해된 사고

D. 와해된 또는 비정상적인 운동행동

E. 무의욕증

20 가장 흔히 발생하는 망상 유형은?

A. 왜곡된 용모에 대한 신체망상

B. 과대망상

C. 사고주입

D. 피해망상

E. 이전 삶으로의 퇴행

21 다음에 제시된 각각의 신념에 대해 괴이한 망상, 비괴이한 망상, 또는 비망상으로 명칭을 붙이시오.

A. 25세 법학도는 자신이 케네디 대통령 암살에 관한 진실을 밝혀냈고, 자신을 미행하고 자신의 인터넷 통신을 감시하기 위해 CIA 요원들이 파견되었

다고 믿고 있다.

B. 45세 노숙자 남성은 정신과 응급실에 와서는 피부발진을 호소한다. 옷을 벗기자, 그의 몸은 대부분 알루미늄 포일로 감겨 있음이 눈에 띄었다. 이 남성은 지속적으로 자신을 겨누고 있는 전자기 광선총으로부터 자신을 보호하기 위한 것이라고 해명한다.

C. 47세 실직 상태의 배관공은 자신이 하원의원에 당선되었다고 믿고 있다. 국회의사당 경비가 그를 붙잡아 응급의학과로 데려오자, 그는 그들이 단순히 경찰관으로 분장한 티 정당Tea Party의 급진주의자들이라고 말한다.

D. 35세 고등학교 물리교사가 클리닉을 찾아와서 불면증을 호소하면서 자신이 상온 핵융합 에너지 공식을 발견했고 이를 암기하고 있는데, 이는 텔레파시가 통하는 외계인에 의해서만 암기된 공식을 제거할 수 있다고 말한다.

E. 최근에 동유럽에서 온 18세 이민자는 특정 색상의 옷을 입으면 "사악한 눈"을 피할 수 있고, 그렇지 않으면 발생하게 되는 재앙을 막을 거라고 믿고 있다.

22 다음 중 조현병 스펙트럼 및 기타 정신병적 장애의 진단에 필요한 와해된 행동으로 분류될 수 없는 증거는?

A. 공공장소에서의 자위행위

B. 머리에 바지 뒤집어쓰기

C. 환청에 대해 대화하듯이 언어적으로 반응하기

D. 손과 발을 땅에 댄 채 구부린 상태에서 멍멍 짖기

E. 질문에 대답할 때 면접관의 반대편으로 시선을 180도 돌리기

23 다음 중 긴장증 운동행동에 관한 진술로 옳지 않은 것은?

A. 긴장증 운동행동은 역사적으로 조현병 스펙트럼 및 기타 정신병적 장애와 연관되어온 극도로 와해된 행동의 한 유형이다.

B. 긴장증 운동행동은 많은 정신장애(예, 기분장애)와 다른 의학적 상태에서

발생한다.

C. 행동은 함구증, 자세유지증, 또는 납굴증과 같은 운동감속 또는 경직이 포함되어 있는 경우에 한해서 긴장증으로 간주된다.

D. 긴장증은 다른 정신병적 장애와 별도로 진단될 수 있다.

E. 긴장증 행동에는 뚜렷하게 감소된 환경에의 반응성이 포함된다.

24 다음 중 조현병의 음성 증상에 관한 설명으로 옳지 않은 것은?

A. 음성 증상은 진정과 같은 약물치료 부작용과 쉽게 구별된다.

B. 음성 증상에는 감소된 정서표현이 포함된다.

C. 음성 증상은 진정과 같은 약물치료 부작용과의 구별이 어려울 수 있다.

D. 음성 증상에는 감소된 또래 또는 사회적 상호작용이 포함된다.

E. 음성 증상에는 목표지향적 활동에 대한 동기 감소가 포함된다.

25 다음 중 조현정동장애가 양극성장애와 감별될 수 있는 방법을 옳게 설명한 것은?

A. 조현정동장애에는 우울 삽화만 포함될 뿐, 조증 또는 경조증 삽화는 포함되지 않는다.

B. 양극성장애에서 정신병적 증상은 1개월 이상 지속되지 않는다.

C. 양극성장애에서 정신병적 증상은 항상 기분 증상들과 일시적으로 동반 발생한다.

D. 조현정동장애에는 완전한 형태의 주요우울증 삽화가 포함되지 않는다.

E. 양극성장애에서 정신병적 증상은 항상 기분과 일치된다.

26 다음 중 1개월간 발현되는 경우 조현병 진단기준 A를 충족시키게 되는 증상들로 묶인 것은?

A. 현저한 환청과 환시

B. 극도로 와해된 행동과 무의욕증

C. 와해된 말과 감소된 정서표현
D. 편집증과 과대망상
E. 무의욕증과 감소된 정서표현

27 다음 중 조현병에서의 폭력 또는 자살행동에 관한 진술로 옳지 않은 것은?

A. 조현병이 있는 사람들의 약 5~6%가 자살로 목숨을 잃는다.
B. 조현병이 있는 사람들은 흔히 무작위한 방식으로 낯선 사람들을 공격한다.
C. 일반 인구에 비해 조현병이 있는 사람들은 보다 더 폭력의 희생자가 된다.
D. 자해를 지시하는 환각은 때로 자살행동에 선행된다.
E. 젊음, 남성, 그리고 물질남용은 조현병이 있는 사람들 사이에서 자살 위험을 높이는 요인들이다.

28 다음 중 아동기 발병 조현병에 관한 진술로 옳은 것은?

A. 아동기 발병 조현병은 점진적 발병 및 현저한 음성 증상과 함께 결과가 좋지 않은 성인 조현병과 유사한 경향이 있다.
B. 아동기의 와해된 말 패턴은 보통 조현병의 조짐이다.
C. 아동기의 상상력 때문에 아동기 발병 조현병에서의 망상과 환각은 성인기 발병 조현병보다 더 정교하다.
D. 와해된 행동을 나타내는 아동의 경우, 조현병은 다른 아동기 장애에 대한 진단들을 고려하기 전에 배제되어야 한다.
E. 환시는 아동기 발병 조현병에서 극히 드물다.

29 다음 중 조현병에 있어서의 성차에 관한 진술로 옳은 것은?

A. 조현병이 있는 여성들은 유병 경과기간에 남성들보다 정신병적 증상이 덜 발생하는 경향이 있다.
B. 40세 이후에 조현병이 처음 발병할 가능성은 남성보다는 여성에게서 더 높다.

C. 여성들에게 있어서 정신병적 증상은 남성들에 비해 나이가 들어 감에 따라 크게 소진되는 경향이 있다.

D. 음성 증상과 정동의 단조로움은 이 장애가 있는 남성들보다 여성들에게서 더 흔히 관찰된다.

E. 조현병의 전체 발생률은 남성들보다 여성들에게서 더 높다.

30 19세 여대생이 그녀의 거부에도 불구하고 가족들에 의해 응급의학과를 찾았다. 3개월 전, 그녀는 갑자기 "이상한" 느낌이 들기 시작했고, 집중할 수 없다는 이유로 대학을 떠나 집으로 돌아왔다. 집으로 돌아오기 2주 전, 그녀는 자신이 "죄인"이고 회개해야 한다는 목소리가 들리기 시작했다. 전혀 종교적인 사람이 아니었지만, 그녀는 이제 회개해야 한다고 믿고 있다. 그렇지만 어떻게 하는 것인지 모르고 있어서 혼란스러운 상태다. 지속적인 환청과 망상이 있음에도, 그녀는 자신의 일상생활의 활동들을 관리해 나가고 있고, 시험에 대해서도 정동적으로 잘 반응하고 있다. 이러한 발현에 가장 적합한 진단은?

A. 조현양상장애, 좋은 예후 양상 있음, 잠정적

B. 조현양상장애, 좋은 예후 양상 없음, 잠정적

C. 조현양상장애, 좋은 예후 양상 있음

D. 조현양상장애, 좋은 예후 양상 없음

E. 명시되지 않는 조현병 스펙트럼 및 기타 정신병적 장애

31 24세 남자 대학생이 대학건강서비스팀에 의해 응급의학과에 데려오게 됐다. 몇 주 전, 그는 자동차 사고를 당했다. 이 사고로 그의 친구들 중 한 명이 심각한 부상을 입고, 그의 품에 안겨 세상을 떠났다. 이 남성은 자신의 방에서 나오지 않았고, 지난 2주간 목욕을 하지 않았다. 그는 거의 식음을 전폐하면서 외계인들이 자신을 납치의 표적으로 삼고 있고, 자신이 그들의 무선통신 내용을 엿들을 수 있다고 주장했다. 그가 말하는 납치는 일어나지 않을 것이고, 송신은 실제가 아니라는 설득도 그에게는 아무 소용이 없다. 다음 중 이 남성에게 가장 적절한 진단(및 이에 대한 정당성 설명)은?

A. 뚜렷한 스트레스 요인을 동반한 단기 정신병적 장애, 증상이 비극적인 자동차 사고 이후에 시작되었기 때문

B. 뚜렷한 스트레스 요인이 동반되지 않은 단기 정신병적 장애, 정신병의 내용이 사고와 무관하기 때문
C. 명시되지 않는 조현병 스펙트럼 및 기타 정신병적 장애, 정보가 더 필요하기 때문
D. 조현양상장애, 정신병적 증상은 있지만 아직 완전한 조현병 모습을 갖추지 않았기 때문
E. 망상장애, 핵심 증상이 피해망상이기 때문

05

# 조현병 스펙트럼 및 기타 정신병적 장애

# DSM-5®

# 확인문제 정답

01 조현정동장애의 진단기준 A에서는 조현병의 진단기준 A에 부합되는 동안 중단되지 않는 유병기간이 필수요건으로 제시되어 있다. 다음 중 조현정동장애의 진단기준을 충족시키기 위해 반드시 나타나야 하는 추가 증상은?

A. 불안 삽화-공황 또는 범불안

B. REM수면 행동장애

C. 주요 우울 또는 조증 삽화

D. 경조증

E. 순환성장애

**정답** C. 주요 우울 또는 조증 삽화

**해설** 조현정동장애의 진단은 조현병의 진단기준 A에 부합되는 기간에 중단되지 않는 유병기간을 기초로 이루어진다. 조현병의 진단기준 B(사회적 기능이상)와 진단기준 F(자폐스펙트럼장애 또는 아동기에 발병되는 기타 의사소통장애의 배제)에는 부합될 필요가 없다. 조현병 진단기준 A를 충족시키는 것 외에도 주요 기분(주요 우울 또는 조증) 삽화가 있어야 한다(조현정동장애 진단기준 A). 조현병에 있어서 흥미 또는 즐거움 상실이 흔히 나타나므로, 조현정동장애 진단기준 A를 충족시키려면 주요우울 삽화에는 전반적인 우울 기분이 포함되어야 한다(예, 현저하게 감소된 흥미 또는 즐거움 발현으로는 충분하지 않음). 전체 유병기간의 대부분 기간에 우울증 또는 조증 삽화가 발현되어야 한다(예, 진단기준 A를 충족시킨 이후에)(조현정동장애 진단기준 C).

조현정동장애 / 진단적 특징 (pp. 47-48)

02 DSM-5의 조현정동장애 진단을 위해서는 주요우울 삽화 또는 조증 삽화가 증상의 일부여야 한다는 필수요건이 있다. 조현정동장애를 정신병적 양상 동반 우울장애 또는 양극성장애와 분리하려면, 다음 중 평생 유병기간 동안 특정 시점에 주요 기분 삽화가 없는 상태에서 적어도 2주간 발현되어야 할 증상은?

A. 망상 또는 환각

B. 망상 또는 편집증

C. 퇴행행동

D. 투사적 동일시

E. 폭식

**정답** A. 망상 또는 환각

**해설** 조현정동장애와 정신병적 양상 동반 우울장애 또는 양극성장애를 분리하기 위해 조현정동장애 진단기준 B에는 망상과 환각이 평생 유병기간의 특정 시점에 주요 기분(우울 또는 조증) 삽화가 없는 상태에서 적어도 2주간 발현되어야 한다고 명시되어 있다.

조현정동장애 / 진단적 특징 (pp. 47–48)

03 27세 미혼인 트럭 운전기사는 5년간의 조현병 활성기 및 잔류기 증상 병력이 있다. 그는 4개월간 지속되다가 치료를 통해 해소되었지만, 주요우울증 진단 범주에는 부합되지 않는 우울 기분과 무쾌감증을 비롯한 우울증 증상을 보이고 있다. 이러한 임상적 발현에 가장 적합한 진단은?

A. 조현정동장애
B. 명시되지 않는 조현병 스펙트럼 및 기타 정신병적 장애
C. 명시되지 않는 우울장애
D. 조현병과 명시되지 않는 우울장애
E. 명시되지 않는 양극성 및 관련 장애

**정답** D. 조현병과 명시되지 않는 우울장애

**해설** 우울과 조증 삽화는 동반 발병되어 5년 병력기간에 1년 이상 지속되지 않는다. 따라서 이러한 발현은 조현정동장애 진단기준 C에 부합되지 않는다. 그리고 이 진단은 조현병으로 남아 있다. 명시되지 않는 우울장애로의 추가 진단은 중첩된 우울 삽화가 있음을 나타내기 위한 것이다.

조현정동장애 / 감별진단 (pp. 51–52)

04 조현정동장애는 조현병에 비해 얼마나 자주 발병되는가?

A. 아주 더 자주
B. 2배 더 자주
C. 동일하게 자주
D. 1/2 정도로 자주

E. 1/3 정도로 자주

정답 E. 1/3 정도로 자주

해설 조현정동장애는 평생 유병률이 0.3%로, 조현병에 비해 1/3정도로 자주 발병된다.

조현정동장애 / 유병률 (p. 49)

05 30세 독신여성은 2개월간 환청과 피해망상을 겪고 있고, 3개월간 슬픈 기분, 무쾌감증, 그리고 자살사고를 동반한 주요우울 삽화로 이어졌다고 호소한다. 우울 삽화는 약물치료와 심리치료로 해소되었지만, 정신병적 증상들은 해소되기 전 1개월 더 지속되고 있다. 이러한 임상상에 가장 적합한 진단은?

A. 단기 정신병적 장애

B. 조현정동장애

C. 주요우울장애

D. 주요우울장애 정신병적 양상 동반

E. 제I형 양극성장애, 현재 삽화 조증, 혼합 양상 동반

정답 B. 조현정동장애

해설 유병기간에 이 여성의 증상들은 주요우울 삽화의 진단범주와 조현병 진단기준 A에 동시에 부합된다. 환청과 망상은 우울 국면 이전과 이후에 발현되었다. 전체 유병기간은 약 6개월간 지속되었고, 정신병적 증상만은 첫 2개월간 발현되었다. 또한 우울과 정신병적 증상은 그다음 3개월간 둘 다 발현되었고, 정신병적 증상은 독자적으로 지난 1개월 동안 발현되었다. 우울 삽화기간은 정신병적 장해의 전체 기간에 비교하면 짧지 않았다.

조현정동장애 / 진단적 특징 (pp. 47-48); 감별진단 (pp. 51-52)

06 다음 중 조현정동장애의 발생률에 관한 진술로 옳은 것은?

A. 발생률은 여성과 남성이 동일하다.

B. 발생률은 남성에게서 더 높다.

C. 발생률은 여성에게서 더 높다.

D. 발생률은 알려지지 않았다.

E. 발생률은 출생 계절에 따라 다르다.

정답 C. 발생률은 여성에게서 더 높다.

해설 조현정동장애의 발생률은 남성보다 여성에게서 더 높다. 이는 주로 여성들 사이에서 우울형의 발생률이 더 높기 때문이다.

조현정동장애 / 유병률 (p. 49)

07 만일 장해가 물질/약물치료로 인해 유발되지 않은 독립적인 정신병적 장애로 더 잘 설명되지 않는다면, 물질/약물치료로 유발된 정신병적 장애로 진단될 수 없다. 다음 중 독립적인 정신병적 장애의 증거가 될 수 없는 정신병적 증상의 발현은?

A. 심각한 중독 또는 급성 금단 발병에 앞서 나타나는 정신병적 증상

B. 정신병적 장애의 진단범주에 완전히 부합되고 심각한 중독 또는 급성 금단이 멈춘 이후 상당한 기간 동안 지속되는 정신병적 증상

C. 주어진 유형이나 사용된 물질의 양이나 사용기간에 기대되는 정도를 상당히 초과하는 정신병적 증상

D. 지속적인 물질 절제기간에 발생하는 정신병적 증상

E. 물질금단으로 인한 입원기간에 발생하는 정신병적 증상

정답 E. 물질금단으로 인한 입원기간에 발생하는 정신병적 증상

해설 물질/약물치료로 유발된 정신병적 장애는 발병, 경과, 그리고 기타 요인들을 고려함으로써 원발성 정신병적 장애와 구별된다. 남용약물에 대해서는 과거력, 신체검진, 또는 물질 사용, 중독 또는 금단에 대한 검사실의 소견이 있어야 한다. 물질/약물치료로 유발된 정신병적 장애는 약물치료에 노출되기 전 또는 노출 직후에 발생하여 몇 주 동안 지속될 수 있는 반면, 원발성 정신병적 장애는 물질/약물치료를 사용하기에 앞서 발병하거나 지속적인 절제기간에 발병하기도 한다. 일단 발병하면, 정신병적 증상은 물질/약물치료를 사용하는 한 계속된다. 다른 고려사항은 원발성 정신병적 장애의 비전형적인 양상의 발현이다(예, 비전형적인 발병연령 또는 경과). 예를 들어, 원발성 정신병적 장애의 알려진 병력이 없는 35세 이상 된 사람에게 재차 망상이 발현되었다면, 이는 물질/약물치료로 유발된 정신병적 장애의 가능성이 있음을 암시한다. 원발성

정신병적 장애의 이전 병력조차도 물질/약물치료로 유발된 정신병적 장애의 가능성을 배제하지 못한다. 반대로, 정신병적 증상이 원발성 정신병적 장애에 의해 더 잘 설명되지 않음을 나타내는 요인에는 물질중독 또는 급성 물질금단의 종료 후 또는 약물치료 사용 중단 후 상당한 기간의 정신병적 증상 지속, 또는 이전의 재발성 원발성 정신병적 장애의 병력이 포함된다. 정신병적 장애의 기타 원인들은 물질 중독 또는 금단이 있는 사람에게서조차 고려되어야 한다. 왜냐하면 물질 사용문제는 비물질/약물치료로 유발된 정신병적 장애가 있는 사람들 사이에서 그리 흔치 않은 것이 아니기 때문이다.

물질/약물치료로 유발된 정신병적 장애 / 진단적 특징 (pp. 56-57)

**08** 알코올의존과 조현병의 알려진 병력이 있는 55세 남성이 명백한 망상과 환시 때문에 응급실에 실려 왔다. 다음 중 감별진단에 포함될 진단적 가능성이 없는 것은?

A. 조현병

B. 물질/약물치료로 유발된 정신병적 장애

C. 알코올의존

D. 다른 의학적 상태로 인한 정신병적 장애

E. 경계성 성격장애 정신병적 양상 동반

**정답** E. 경계성 성격장애 정신병적 양상 동반

**해설** 경계성 성격장애의 진단을 위해 제공되는 증거는 없다. 원발성 정신병적 장애(조현병)의 이전 병력은 물질/약물치료로 유발된 정신병적 장애의 가능성을 배제하지 못한다. 원발성 정신병적 장애의 알려진 병이 없는 35세 이상 된 사람에게 재차 망상이 발현되었다면, 이는 물질/약물치료로 유발된 정신병적 장애의 가능성이 있음을 암시한다.

물질/약물치료로 유발된 정신병적 장애 / 감별진단 (pp. 59-60)

**09** 다음 중 DSM-5의 물질/약물치료로 유발된 정신병적 장애의 진단범주에 포함되는 명시자로 옳게 묶인 것은?

A. "중독 전 발병"과 "금단 전 발병"

B. "중독 기간 동안 발병"과 "금단 기간 동안 발병"

C. "좋은 예후 양상 있음"과 "좋은 예후 양상 없음"
D. "물질 사용 전 발병"과 "물질 사용 후 발병"
E. "긴장증 있음"과 "긴장증 없음"

정답 B. "중독 기간 동안 발병"과 "금단 기간 동안 발병"

**해설** "중독 기간 동안 발병" 명시자는 물질중독의 진단범주에 부합되고 증상이 중독 기간 동안 발달되는 경우에 사용되어야 한다. "금단 기간 동안 발병" 명시자는 물질금단의 진단범주에 부합되고 증상이 금단 기간 동안 또는 직후에 발달되는 경우에 사용되어야 한다.

물질/약물치료로 유발된 정신병적 장애 / 진단기준 (pp. 53-54)

10 전신성 홍반성 낭창systemic lupus erythematosus이 있어서 코르티코스테로이드로 치료를 받고 있는 65세 남성이 심각한 자동차 사고를 목격하게 된다. 그러자 그의 말이 와해되기 시작해서 며칠간 지속되다가 해소된다. 이러한 임상상에 가장 적합한 진단은?

A. 조현병
B. 전신성 홍반성 낭창과 연관된 정신병적 장애
C. 스테로이드로 유발된 정신병
D. 단기 정신병적 장애, 뚜렷한 스트레스 요인 동반
E. 조현정동장애

정답 D. 단기 정신병적 장애, 뚜렷한 스트레스 요인 동반

**해설** 다른 의학적 상태로 인한 정신병적 장애의 필수적인 특징은 다른 의학적 상태의 생리적 영향으로 인한 것으로 판단되고 다른 정신장애로 더 잘 설명되지 않는 뚜렷한 망상 또는 환각이다(예, 증상은 심각한 의학적 상태에 대한 심리적으로 매개된 반응이 아님. 이 경우 단기 정신병적 장애, 뚜렷한 스트레스 요인 동반 진단이 적절함). 위의 사례에서 증상은 사고 목격의 외상에 대한 심리적으로 매개된 반응으로 더 잘 이해되고 있다.

다른 의학적 상태로 인한 정신병적 장애 / 진단적 특징 (pp. 61-62)

11 다음 중 "달리 명시된 조현병 스펙트럼 및 기타 정신병적 장애"로 적절하게 진단될 수 없는 정신병적 증상의 발현은?

A. 1개월 미만 동안 지속되었으나 아직 관해되지 않아서 단기 정신병적 장애의 진단범주에 부합되지 않는 정신병적 증상
B. 다른 특징이 없는 상태에서 발생하는 지속적인 환청
C. 정신병적 양상 동반 우울장애나 양극성장애, 단기 정신병적 장애, 다른 의학적 상태로 인한 정신병적 장애, 또는 물질/약물치료로 유발된 정신병적 장애의 진단범주에 부합되지 않는 산후정신병
D. 일시적으로 물질사용과 관련된 정신병적 증상
E. 망상장해 기간의 상당 부분 동안 발현되는 중첩된 기분 삽화기간에 발생하는 지속적인 망상

**정답** D. 일시적으로 물질사용과 관련된 정신병적 증상

**해설** 일시적으로 물질 사용과 관련이 있는 정신병적 증상은 DSM-5의 물질/약물치료로 유발된 정신병적 장애의 진단범주에 부합될 수 있다. 달리 명시된 조현병 스펙트럼 및 기타 정신병적 장애의 진단범주는 사회적, 직업적, 또는 기타 중요한 기능 영역에서 임상적으로 심각한 고통 또는 손상의 원인이 되는 조현병 스펙트럼 및 기타 정신병적 장애의 특징적인 증상이 현저하지만, 조현병 스펙트럼 및 기타 정신병적 장애 진단적 부류에 속하는 장애의 진단범주에 완전히 부합되지는 않는 증상 발현에 적용된다. 달리 명시된 조현병 스펙트럼 및 기타 정신병적 장애의 진단범주는 임상가가 증상 발현이 특정한 조현병 스펙트럼 및 기타 정신병적 장애의 진단범주에 부합되지 않는 구체적인 이유를 소통하고자 선택하는 상황에서 사용된다. "달리 명시된 조현병 스펙트럼 및 기타 정신병적 장애"를 먼저 쓰고, 이어 구체적인 이유를 기록한다(예, "지속적 환청").

**달리 명시된 조현병 스펙트럼 및 기타 정신병적 장애 (p. 71)**

12 다음 중 조현병 진단에 있어서 정신병 환자로 분류되지 않는 환자의 발현은?

A. 환자는 자신이 특별한 사람이라고 말하는 목소리를 듣고 있다.
B. 환자는 자신을 전담하는 비밀경찰 조직에 의해 쫓기고 있다고 믿고 있다.
C. 환자는 재차 일어날 것 같은 느낌이 드는 전쟁 경험에 대한 플래시백을 가지고 있다.

D. 환자는 자신의 사고를 조직화할 수 없고 면담과정에서 반응을 중단할 수 없다.

E. 환자는 자동차 타이어를 자신의 허리에 두르고 있으면서 이에 대해 설명하지 못한다.

정답 C. 환자는 재차 일어날 것 같은 느낌이 드는 전쟁 경험에 대한 플래시백을 가지고 있다.

해설 조현병 스펙트럼 및 기타 정신병적 장애는 5가지 영역(① 망상, ② 환각, ③ 와해된 사고[말], ④ 극도로 와해된 또는 비정상적인 운동행동[긴장증 포함], ⑤ 음성 증상) 가운데 한 가지 이상에 있어서의 비정상성으로 정의된다. 이들 중 처음 4가지는 정신병적 증상으로 간주된다. 외상성 경험에 대한 플래시백은 강력하고, 정서가 가득 담긴 기억이지만 정신병적 증상 수준에는 미치지 못한다.

서론 장; 정신병적 장애를 정의하는 핵심적 특징 (pp. 15–18)

13 다음의 장애들 중 정신병적 증상을 발생시킬 수 있는 장애는?

A. 양극성장애와 우울장애

B. 물질사용장애

C. 외상후 스트레스장애

D. 다른 의학적 상태

E. 위의 보기 모두

정답 E. 위의 보기 모두

해설 기분장애, 물질사용장애, 외상후 스트레스장애, 그리고 다른 의학적 상태 모두에는 증거의 일부로서 정신병적 증상이 포함되어 있을 수 있다. 따라서 임상가들은 환자의 정신병이 원발성 정신병적 장애에 의한 것으로 결론짓기에 앞서 이러한 점과 다른 가능성들을 고려해야 한다.

단기 정신병적 장애; 조현병 / 감별진단 (pp. 29–31, 43–45)

14 32세 남성이 응급의학과에 찾아와서 고통과 초조함을 호소한다. 그는 자신의 누이가 남아메리카 여행 중 자동차 사고로 사망했다고 보고한다. 그 사실을 어떻게 알았느냐고 묻자, 그는 자신과 자신의 누이가 매우 가까워서 "바로 알 수 있다"고 말한다. 그에게 누이와 전화 통화를 하게 하자(그의 누이는 여행 중 친구들과 편안하게 쉬고 있었음), 이 남성은 누이가 살아 있어서 안심이 된다고 말한다. 다음 중 이러한 증거에 가장 잘 부합되는 진술은?

A. 그는 망상적 믿음을 가지고 있었다. 왜냐하면 타당한 근거 없이 그 믿음을 사실로 믿고 있었기 때문이다.

B. 그는 망상적 믿음을 가지고 있지 않았다. 왜냐하면 그 믿음은 새로운 증거에 따라 바뀌었기 때문이다.

C. 그는 과대망상을 가지고 있었다. 왜냐하면 그는 자신이 먼 곳에서 일어나는 일들을 알 수 있다고 믿었기 때문이다.

D. 그는 허무망상을 가지고 있었다. 왜냐하면 이 망상에 잘못된, 상상에 의한 파멸이 포함되어 있었기 때문이다.

E. 그는 망상을 가지고 있지 않았다. 왜냐하면 문화권에 따라서는 사람들이 정상적인 소통권 밖에 있는 가족구성원들에 관해 알 수 있다고 믿기도 하기 때문이다.

**정답** B. 그는 망상적 믿음을 가지고 있지 않았다. 왜냐하면 그 믿음은 새로운 증거에 따라 바뀌었기 때문이다.

**해설** 망상이 되려면 믿음이 명백히 사실이 아니고 고정된 것이어야 한다. 즉, 추가 정보에 따라 순순히 바뀌지 않아야 한다. 이 남성의 믿음은 사실이 아닌 것이었지만, 융통성이 있었고 증거(예, 자신의 살아 있는 누이에게 말하기)에 따라 바뀌었다. 따라서 이는 망상으로 볼 수 없다. 믿음이 망상인지의 여부를 결정하는 데 있어서 문화적 요인들을 고려해야 하지만, 이 사례와는 관련이 없다. 왜냐하면 그의 믿음은 문화적 배경과는 상관없이 망상적인 것이 아니기 때문이다.

정신병적 장애를 정의하는 핵심적 특징 / 망상 (pp. 15-16)

15 다음 중 흔히 망상의 유형으로 인식되지 않는 것은?

A. 피해

B. 색정

C. 외계인 납치

D. 신체

E. 과대

정답 C. 외계인 납치

**해설** 흔히 나타나는 망상 유형에는 피해형, 관계형, 신체형, 허무형, 과대형, 색정형 및 복합형이 포함된다. 외계인 납치의 망상적 믿음은 과대망상이면서 신체 및/또는 색정적 측면이 포함되기도 하지만, 그 자체로는 망상적 사고의 주요 범주에 해당되지는 않는다.

정신병적 장애를 정의하는 핵심적 특징 / 망상 (pp. 15-16)

16 3개월간 홀로 지내 온 64세 남성이 그의 일차진료 의사의 조언으로 응급의학과를 찾았다. 이는 그가 옛날 사진을 보고 있거나 때로 잠을 청할 때 이미 세상을 떠난 아내가 자신의 이름을 부르는 소리가 들린다고 의사에게 보고한 이후였다. 그의 일차진료 의사는 그가 정신병 삽화를 겪고 있고 정신의학적 평가가 필요하다고 말한다. 다음 중 이러한 경험이 정신병으로 간주되지 않는 이유를 옳게 설명한 것은?

A. 그가 듣고 있는 목소리가 가족구성원의 것이기 때문

B. 이 경험이 그가 잠을 청할 때 발생하기 때문

C. 특정 활동으로 죽은 아내의 목소리를 들을 수 있게 되기 때문

D. 목소리가 그의 이름을 부르기 때문

E. B와 C

정답 E. B와 C

**해설** 만일 환청 경험이 통제 가능한 행위에 이차적으로만 발생하거나(예, 극히 정동적으로 충만된 상태에서 사진들을 살펴봄) 달라진 감각 상태(예, 잠들기 직전[입면시 hypnagogic] 또는 잠이 깰 무렵 비몽사몽 상태[출면시 hypnopompic])에서 발생한다면 환각으로 분류되지 않는다. 명백한 환청에는 환자에게 알려진 사람의 목소리가 포함되고 흔히 자신의 이름을 부르는 소리를 듣게 된다.

정신병적 장애를 정의하는 핵심적 특징 / 환각 (p. 16)

17 19세 대학생이 앰뷸런스로 응급의학과에 실려 왔다. 앰뷸런스를 부른 대학기숙사 사감은 그 학생이 고립을 자처하면서 자신의 방에서 서성거리는가 하면, 질문에 대해 반응을 보이지 않는다고 보고한다. 응급의학과에서 이 환자는 쭈그리고 앉은 채 간헐적으로 개 짖는 소리를 내곤 한다. 그의 소변 독소검사는 음성이고, 모든 검사실 소견은 정상범주 내에 있다. 이러한 증상에 대해 가장 잘 설명하고 있는 것은?

A. 동물 망상–환자는 자신이 개라고 믿고 있다.

B. 간헐적 폭발성 분노

C. 자기방위적 공격으로 이어지는 편집증 상태

D. 긴장증 행동

E. 사고형식장애

정답 D. 긴장증 행동

**해설** 망상에는 믿음이 포함되지만, 환자가 질문에 대해 대답을 하지 않기 때문에 그의 믿음구조나 형식적 사고 패턴을 평가할 수는 없다. 이와 유사하게, 분노는 강렬한 운동활동으로 인해 발생하는 정서이지만, 이 환자의 사고 내용이나 정서를 평가할 수 없다. 이 환자는 정신운동성 초조를 나타내고 있는 것 같지만, 이는 특정 유형, 즉 환경 또는 목적 지향적 동기와 무관한 긴장성 흥분의 일종이다. 긴장성 흥분에 이어 나타난 상동증적 발성 같은 함구증은 긴장증에서 발생할 수 있다.

정신병적 장애를 정의하는 핵심적 특징 / 극도로 와해된 또는 비정상적인 운동행동(긴장증 포함) (p. 17)

18 다음 중 조현병의 음성 증상에 해당되지 않는 것은?

A. 정동둔마

B. 동기 감소

C. 약화된 사고과정

D. 기능소실에 대한 슬픔

E. 사회적 흥미 결여

정답 D. 기능소실에 대한 슬픔

**해설** 조현병이 있는 환자들은 자신의 기능소실을 인식하고 이에 대해 슬퍼할 수 있다. 이러한 정서적 반응은 음성 증상과는 상반되는 것이다. 왜냐하면 이는 능동적이고 표현적 · 정서적 반응을 포함하고 있기 때문이다. 이 사례에서 언급된 다른 증상들—정동둔마, 동기 감소, 사고과정 저하, 그리고 사회적 무관심—은 모두 조현병의 음성 증상 또는 결함 증상의 일부다. 따라서 "음성negative"이라는 단어 사용을 구분하는 것이 중요하다. 슬픈 정서를 고려할 때, 이 말은 한 가지 의미를 지니고 있지만, 조현병의 "음성" 증상은 슬픈 감정 결여를 포함해서 정상적인 심리적 기능의 결핍을 의미한다.

정신병적 장애를 정의하는 핵심적 특징 / 음성 증상 (pp. 17-18)

19 조현병 스펙트럼 및 기타 정신병적 장애는 5가지 영역 가운데 한 가지 또는 그 이상에 있어서의 비정상성으로 정의되는데, 이들 중 4가지는 정신병적 증상으로도 간주된다. 다음 중 정신병적 증상으로 간주되지 않는 것은?

A. 망상

B. 환각

C. 와해된 사고

D. 와해된 또는 비정상적인 운동행동

E. 무의욕증

**정답** E. 무의욕증

**해설** 무의욕증avolition은 조현병의 음성 증상이지만, 양성(정신병적) 증상은 아니다. 무의욕증은 목표 지향적 행동을 위한 동기의 결여다. '양성positive'이라는 용어는 긍정적으로 평가되는 것이 아니라, 조현병의 음성 증상과 같이 결핍 증상과 반대되는 현존 및 존재하는 것을 의미한다. 이 사례에서 제시된 다른 증상 유형들은 정신병적인 것으로 간주된다.

정신병적 장애를 정의하는 핵심적 특징 / 음성 증상 (pp. 17-18)

20 가장 흔히 발생하는 망상 유형은?

A. 왜곡된 용모에 대한 신체망상

B. 과대망상

C. 사고주입

D. 피해망상

E. 이전 삶으로의 퇴행

**정답** D. 피해망상

**해설** 피해망상persecutory delusions은 가장 흔히 발생하는 유형이다. 그 이유는 이 망상이 기존의 자기방위적 및/또는 사회적 · 심리적 기능의 조절곤란과 연관되기 때문일 것이다. 그렇지만 이것이 가장 흔히 발생하는 유형임을 설명하는 이유로서는 아직 잘 이해되지 않는다.

정신병적 장애를 정의하는 핵심적 특징 / 망상 (pp. 15-16)

21 다음에 제시된 각각의 신념에 대해 괴이한 망상, 비괴이한 망상, 또는 비망상으로 명칭을 붙이시오.

A. 25세 법학도는 자신이 케네디 대통령 암살에 관한 진실을 밝혀냈고, 자신을 미행하고 자신의 인터넷 통신을 감시하기 위해 CIA 요원들이 파견되었다고 믿고 있다.

B. 45세 노숙자 남성은 정신과 응급실에 와서는 피부발진을 호소한다. 옷을 벗기자, 그의 몸은 대부분 알루미늄 포일로 감겨 있음이 눈에 띄었다. 이 남성은 지속적으로 자신을 겨누고 있는 전자기 광선총으로부터 자신을 보호하기 위한 것이라고 해명한다.

C. 47세 실직 상태의 배관공은 자신이 하원의원에 당선되었다고 믿고 있다. 국회의사당 경비가 그를 붙잡아 응급의학과로 데려오자, 그는 그들이 단순히 경찰관으로 분장한 티 정당Tea Party의 급진주의자들이라고 말한다.

D. 35세 고등학교 물리교사가 클리닉을 찾아와서 불면증을 호소하면서 자신이 상온 핵융합 에너지 공식을 발견했고 이를 암기하고 있는데, 이는 텔레파시가 통하는 외계인에 의해서만 암기된 공식을 제거할 수 있다고 말한다.

E. 최근에 동유럽에서 온 18세 이민자는 특정 색상의 옷을 입으면 "사악한 눈"을 피할 수 있고, 그렇지 않으면 발생하게 되는 재앙을 막을 거라고 믿고 있다.

정답 A, 비괴이한 망상; B, 괴이한 망상; C, 비괴이한 망상; D, 괴이한 망상; E, 비망상

**해설** 망상은 명백히 그럴듯하지 않고 동일 문화권의 또래들이 납득할 수 없을 뿐 아니라 정상적인 삶의 경험에서 파생되지 않아서 괴이한 것으로 간주되는 것을 말한다. 따라서 아무리 이 법학도가 미행당하고 있고 배관공이 하원의원으로 선출되었다는 것은 사실이 아닌 것 같더라도, 이러한 일들은 상상 속에서 일어날 수 있을 것이다. 이와는 반대로, 텔레파시 능력을 지닌 외계인들에 의한 사고 제거와 외적 통제 또는 전자파 광선총은 공유된 사회적 합의에 의한 영역에 있지 않다. 색상 또는 부적 사용이 나쁜 일을 막아 줄 것이라는 신념은 비록 종교와 무관한 배경을 지닌 사람들에게는 그럴듯해 보이지는 않지만 많은 문화적 신념체계의 수용된 부분이므로 망상으로 분류될 수 없다.

**정신병적 장애를 정의하는 핵심적 특징 / 망상 (pp. 15–16); 조현병 / 문화와 관련된 진단적 쟁점 (p. 42)**

22 다음 중 조현병 스펙트럼 및 기타 정신병적 장애의 진단에 필요한 와해된 행동으로 분류될 수 없는 증거는?

A. 공공장소에서의 자위행위

B. 머리에 바지 뒤집어쓰기

C. 환청에 대해 대화하듯이 언어적으로 반응하기

D. 손과 발을 땅에 댄 채 구부린 상태에서 멍멍 짖기

E. 질문에 대답할 때 면접관의 반대편으로 시선을 180도 돌리기

정답 C. 환청에 대해 대화하듯이 언어적으로 반응하기

**해설** 긴장증 운동행동을 포함한 와해된 행동은 조현병 스펙트럼 및 기타 정신병적 장애의 진단에 사용되는 정신병적 증상의 4가지 범주 중 하나다. 이 진단기준을 충족시키기 위해서는 행동이 극도로 와해되어 있거나 부적절해야 한다. 공공장소에서의 자위는 주변 상황을 의식하지 못하고 있음을 보여 주는 행동인 동시에, 겸양과 사생활에 대한 일반적인 사회적 규범에 무관심함을 나타내는 행동이다. 이렇다 할 정당화 없이 괴상한 방식으로 의상을 착용하는 것은 와해된 행동 형태다. 대화를 나누다가(분노표현에 의해 유발되었거나 다른 합리적인 설명이 없다면) 개처럼 짖거나 괴이한 방식으로 고개를 돌리는 것은 극도로 부적절한 행동이다. 그러나 환청에 대해 언어적으로 반응하는 것은 그 자체로 와해된 행동은 아니다. 환청에 있어서 의사소통의 실제성에 대한 믿음을 고려한다면, 말로 반응하는 것은 우연히 나타난 논리적이고 목표 지향적인 행동

이다. 따라서 이 경우는 한 가지 정신병적 증상(환각)으로 간주되지만, 2가지 증상(환각과 극도로 와해된 행동)으로는 볼 수 없다.

정신병적 장애를 정의하는 핵심적 특징 / 극도로 와해된 또는 비정상적인 운동행동(긴장증 포함) (p. 17)

23 다음 중 긴장증 운동행동에 관한 진술로 옳지 않은 것은?

A. 긴장증 운동행동은 역사적으로 조현병 스펙트럼 및 기타 정신병적 장애와 연관되어온 극도로 와해된 행동의 한 유형이다.

B. 긴장증 운동행동은 많은 정신장애(예, 기분장애)와 다른 의학적 상태에서 발생한다.

C. 행동은 함구증, 자세유지증, 또는 납굴증과 같은 운동감속 또는 경직이 포함되어 있는 경우에 한해서 긴장증으로 간주된다.

D. 긴장증은 다른 정신병적 장애와 별도로 진단될 수 있다.

E. 긴장증 행동에는 뚜렷하게 감소된 환경에의 반응성이 포함된다.

정답 C. 행동은 함구증, 자세유지증, 또는 납굴증과 같은 운동감속 또는 경직이 포함되어 있는 경우에 한해서 긴장증으로 간주된다.

**해설** 긴장증 행동은 환경에 대한 반응의 뚜렷한 감소가 특징이다. 이 행동은 지시 불이행에서부터 경직된, 부적절한 또는 괴이한 자세, 언어적 및 운동 반응(함구증과 인사불성)의 완전결여에 이르기까지 다양하다. 이는 또한 분명한 원인(긴장성 흥분) 없이 목적이 없고 과도한 운동활동이 포함된다. 기타 특징으로는 반복적인 상동증적 운동, 응시하기, 찡그림, 함구증, 그리고 반향어가 있다. 긴장증은 역사적으로 조현병과 연관이 있어 왔지만, 긴장증 증상은 불특정적이고 다른 정신장애(예, 긴장증을 동반한 양극성장애와 우울장애)와 의학적 상태(다른 의학적 상태로 인한 긴장성장애)에서 발생한다.

정신병적 장애를 정의하는 핵심적 특징 / 극도로 와해된 또는 비정상적인 운동행동(긴장증 포함)(p. 17); 긴장증(pp. 66–67)

24 다음 중 조현병의 음성 증상에 관한 설명으로 옳지 않은 것은?

A. 음성 증상은 진정과 같은 약물치료 부작용과 쉽게 구별된다.

B. 음성 증상에는 감소된 정서표현이 포함된다.
C. 음성 증상은 진정과 같은 약물치료 부작용과의 구별이 어려울 수 있다.
D. 음성 증상에는 감소된 또래 또는 사회적 상호작용이 포함된다.
E. 음성 증상에는 목표지향적 활동에 대한 동기 감소가 포함된다.

**정답** A. 음성 증상은 진정과 같은 약물치료 부작용과 쉽게 구별된다.

**해설** 조현병의 음성 증상이란 "양성" 증상(존재함으로써 눈에 띈다는 의미로, 바람직한 상태를 의미하지 않음)과는 대조적으로 질환에서 결핍된 측면을 말한다. 양성 증상에는 활성화된 환각, 망상, 와해된 행동, 그리고 와해된 사고가 포함된다. 진정과 운동완만bradykinesia과 같은 약물치료의 부작용은 음성 증상처럼 보일 수 있고, 원발성 음성 증상으로 잘못 평가될 수 있다. 원발성 음성 증상에는 감소된 정서표현, 타인들과의 감소된 상호작용, 그리고 목표지향적 행동에 대한 동기 감소가 포함된다.

정신병적 장애를 정의하는 핵심적 특징 / 음성 증상 (pp. 17-18)

25 다음 중 조현정동장애가 양극성장애와 감별될 수 있는 방법을 옳게 설명한 것은?

A. 조현정동장애에는 우울 삽화만 포함될 뿐, 조증 또는 경조증 삽화는 포함되지 않는다.
B. 양극성장애에서 정신병적 증상은 1개월 이상 지속되지 않는다.
C. 양극성장애에서 정신병적 증상은 항상 기분 증상들과 일시적으로 동반 발생한다.
D. 조현정동장애에는 완전한 형태의 주요우울증 삽화가 포함되지 않는다.
E. 양극성장애에서 정신병적 증상은 항상 기분과 일치된다.

**정답** C. 양극성장애에서 정신병적 증상은 항상 기분 증상들과 일시적으로 동반 발생한다.

**해설** 조현정동장애를 정신병적 양상을 동반한 우울장애 및 양극성장애와 구별하는 것은 흔히 어렵다. 조현정동장애는 주요 기분 삽화가 없는 상태에서 적어도 2주 동안 현저한 망상 및/또는 환각의 발현에 의해 정신병적 양상을 동반하는 우울장애 또는 양극성장애와 구별될 수 있다. 이와는 대조적으로, 정신병적 양상을 동반하는 우울장애 또는 양극성장애에 있어서 정신병적 양상은 주로 기분 삽화기간에 발생한다.

조현정동장애 / 감별진단 (pp. 51-52)

26 다음 중 1개월간 발현되는 경우 조현병 진단기준 A를 충족시키게 되는 증상들로 묶인 것은?

A. 현저한 환청과 환시
B. 극도로 와해된 행동과 무의욕증
C. 와해된 말과 감소된 정서표현
D. 편집증과 과대망상
E. 무의욕증과 감소된 정서표현

**정답** C. 와해된 말과 감소된 정서표현

**해설** DSM-5 진단기준 A를 충족시키려면, 5가지 증상(① 망상, ② 환각, ③ 와해된 말(예, 잦은 이탈 또는 지리멸렬), ④ 극도로 와해된 또는 긴장증 행동, ⑤ 음성 증상(감소된 정서표현 또는 무의욕증) 가운데 2가지(또는 그 이상) 증상이 1개월 동안 대부분의 기간에 발현되어야 한다. 2가지 증상들 중 최소한 한 가지는 망상(A1), 환각(A2), 또는 와해된 말(A3)이 명백히 나타나야 한다. 따라서 다른 증상이 없는 상태에서 2가지 환각 유형 또는 2가지 망상 유형만으로는 진단기준 A를 충족시키기에 불충분하다. 극도로 와해된 행동(정신병적 증상으로 간주되지만)과 음성행동의 결합 역시 진단기준 A를 충족시키기에는 불충분하다.

조현병 / 진단기준 (pp. 35-36)

27 다음 중 조현병에서의 폭력 또는 자살행동에 관한 진술로 옳지 않은 것은?

A. 조현병이 있는 사람들의 약 5~6%가 자살로 목숨을 잃는다.
B. 조현병이 있는 사람들은 흔히 무작위한 방식으로 낯선 사람들을 공격한다.
C. 일반 인구에 비해 조현병이 있는 사람들은 보다 더 폭력의 희생자가 된다.
D. 자해를 지시하는 환각은 때로 자살행동에 선행된다.
E. 젊음, 남성, 그리고 물질남용은 조현병이 있는 사람들 사이에서 자살 위험을 높이는 요인들이다.

**정답** B. 조현병이 있는 사람들은 흔히 무작위한 방식으로 낯선 사람들을 공격한다.

**해설** 적대감과 공격행동은 조현병과 연관성이 있다. 그렇지만 자발적 또는 무작위적인 공격은 그리 흔하지 않다. 공격행동은 보다 나이 어린 남성들과 폭력, 치료 불순종, 물질남용, 그리고 충동성 과거력이 있는 사람들에게서 더 자주 나타난다. 조현병이 있는 사람들의 거의 대부분은 일반 인구에 속하는 사람들에 비해 공격적이지 않고, 보다 흔히 피해를 입는 경향이 있다. 조현병이 있는 사람들의 약 5~6%는 자살로 목숨을 잃게 되는데, 이들 중 약 20% 정도는 한 차례 또는 그 이상으로 자살을 시도하고 보다 많은 사람이 심각한 자살사고를 한다. 자살행동은 때로 자해 또는 타해를 지시하는 환각에 대한 반응이다. 자살 위험은 남성과 여성 모두에게서 전 생애에 걸쳐 높다. 그렇지만 특히 물질을 사용하는 나이 어린 남성들에게서 높다. 기타 위험 요인으로는 우울 증상 또는 무망감과 실직을 들 수 있다. 또한 정신병적 삽화 또는 퇴원 후의 기간이 더 위험하다.

**조현병 / 진단을 뒷받침하는 부수적 특징 (pp. 38-39); 자살 위험 (pp. 42-43)**

28 다음 중 아동기 발병 조현병에 관한 진술로 옳은 것은?

A. 아동기 발병 조현병은 점진적 발병 및 현저한 음성 증상과 함께 결과가 좋지 않은 성인 조현병과 유사한 경향이 있다.

B. 아동기의 와해된 말 패턴은 보통 조현병의 조짐이다.

C. 아동기의 상상력 때문에 아동기 발병 조현병에서의 망상과 환각은 성인기 발병 조현병보다 더 정교하다.

D. 와해된 행동을 나타내는 아동의 경우, 조현병은 다른 아동기 장애에 대한 진단들을 고려하기 전에 배제되어야 한다.

E. 환시는 아동기 발병 조현병에서 극히 드물다.

**정답** A. 아동기 발병 조현병은 점진적 발병 및 현저한 음성 증상과 함께 결과가 좋지 않은 성인 조현병과 유사한 경향이 있다.

**해설** 조현병의 필수 증상은 아동의 경우에도 동일하지만, 진단을 내리는 것은 보다 더 어렵다. 아동의 경우, 망상과 환각은 성인의 경우보다 덜 정교하다. 그리고 환시는 보다 더 자주 나타나고, 정상적인 환상놀이와 구별되어야 한다. 와해된 말은 와해된 행동과 마찬가지로 많은 아동기 발병 장애(예, 주의력결핍 과잉행동장애)에 발생한다. 아동기에 더 자주 발생하는 장애들에 대한 충분한 검토 없이 이러한 증상들을 조현병에 의한 것으로 돌려서는 안 된다. 아동기 발병 사례들은 점진적 발병과 현저한 음성 증상과 함께 예후가 좋지 않은 성인들의 사례들과 유사한 경향이 있다. 나중에 조현병 진단을 받은 아동들은 불특정한 정서행동 장해와 정신병리, 지적 및 말의 변화, 그리고 미묘한 운동지연을 경험할 가능성이 더 높다.

조현병 / 발달과 경과 (pp. 40–41)

29 다음 중 조현병에 있어서의 성차에 관한 진술로 옳은 것은?

A. 조현병이 있는 여성들은 유병 경과기간에 남성들보다 정신병적 증상이 덜 발생하는 경향이 있다.

B. 40세 이후에 조현병이 처음 발병할 가능성은 남성보다는 여성에게서 더 높다.

C. 여성들에게 있어서 정신병적 증상은 남성들에 비해 나이가 들어 감에 따라 크게 소진되는 경향이 있다.

D. 음성 증상과 정동의 단조로움은 이 장애가 있는 남성들보다 여성들에게서 더 흔히 관찰된다.

E. 조현병의 전체 발생률은 남성들보다 여성들에게서 더 높다.

**정답** B. 40세 이후에 조현병이 처음 발병할 가능성은 남성보다는 여성에게서 더 높다.

**해설** 조현병의 평생 유병률은 약 0.3~0.7%인 것 같다. 그렇지만 인종/민족, 국가 간, 그리고 이민자들과 그 자녀들의 지리적 근원에 따라 차이가 있다고 보고되고 있다. 성비는 표집과 모집단에 따라 차이가 있다. 예를 들어, 이 장애의 음성 증상과 보다 긴 기간(보다 좋지 않은 결과와 연관된)에 대한 강조는 남성들에게서 보다 높은 발생을 보이고 있는 반면, 보다 많은 기분 증상과 짧은 발현(보다 좋은 결과와 연관된)을 포함된 이 장애의 정의는 남녀 모두에게 동일한 위험도를 나타내고 있다.

여러 양상에 있어서 남성과 여성에게 있어서의 조현병의 임상적 표현이 구분된다. 조현병의 일반적인 발생률은 특히 치료된 사례들에서 여성들이 약간 낮은 경향이 있다. 발병연령의 경우, 두 번째 중년기 절정과 함께 여성에게서 좀 더 늦게 발병된다. 증상은 여성들에게서 보다 정동이 충만되고, 정신병적 증상이 더 많으며, 정신병적 증상이 그 이후의 삶의 기간에 악화되는 성향이 더 높아지는 경향이 있다. 기타 증상에 있어서의 차이로는 덜 잦은 음성 증상과 분열이 있다. 끝으로, 사회적 기능은 여성들에게서 더 잘 보존된 상태로 남아 있는 경향이 있다. 그러나 이러한 일반적인 경향성에도 예외적인 상황이 자주 발생한다.

조현병 / 유병률 (p. 39); 성별과 관련된 진단적 쟁점 (p. 42)

30 19세 여대생이 그녀의 거부에도 불구하고 가족들에 의해 응급의학과를 찾았다. 3개월 전, 그녀는 갑자기 "이상한" 느낌이 들기 시작했고, 집중할 수 없다는 이유로 대학을 떠나 집으로 돌아왔다. 집으로 돌아오기 2주 전, 그녀는 자신이 "죄인"이고 회개해야 한다는 목소리가 들리기 시작했다. 전혀 종교적인 사람이 아니었지만, 그녀는 이제 회개해야 한다고 믿고 있다. 그렇지만 어떻게 하는 것인지 모르고 있어서 혼란스러운 상태다. 지속적인 환청과 망상이 있음에도, 그녀는 자신의 일상생활의 활동들을 관리해 나가고 있고, 시험에 대해서도 정동적으로 잘 반응하고 있다. 이러한 발현에 가장 적합한 진단은?

A. 조현양상장애, 좋은 예후 양상 있음, 잠정적

B. 조현양상장애, 좋은 예후 양상 없음, 잠정적

C. 조현양상장애, 좋은 예후 양상 있음

D. 조현양상장애, 좋은 예후 양상 없음

E. 명시되지 않는 조현병 스펙트럼 및 기타 정신병적 장애

**정답** A. 조현양상장애, 좋은 예후 양상 있음, 잠정적

**해설** 조현양상장애는 다음의 2가지 상태에서 진단된다. 즉, ① 질환의 삽화가 1개월에서 6개월 동안 지속되고, 개인이 이미 회복된 경우와 ② 개인이 조현병 진단에 필수적으로 요구되는 6개월보다 짧은 기간에 증상을 겪었지만, 여전히 회복되지 않은 경우다(이 사례에서처럼). 이 경우 "잠정적"이라는 문구를 추가한다. 왜냐하면 개인이 6개월 기간 이내에 이 장해로부터 회복될 것인지의 여부가 불확실하기 때문이다. 만일 장해가 6개월 이상 지속된다면, 진단은 조현병으로 변경해야 한다. 둘 중 한 사례에서 4가지 특징(① 보통 행동 또는 기능에서 처음으로 눈에 띌 정도의 변화가 있는 4주 이내에 현저한 정신병적 증상 발병, ② 혼돈 또는 당혹감, ③ 좋은 병전 사회적 · 직업적 기능, 그리고 ④ 둔마된 또는 단조로운 정동결여) 가운데 적어도 2가지 증상이 발현된다면, 조현양상장애는 "좋은 예후 양상 있음" 명시자를 붙인다. 이 사례에서는 이러한 4가지 모든 특징을 보여 주고 있다. 조현정동장애로 진단을 내리기에 충분한 정보가 있기 때문에 명시되지 않는 조현병 스펙트럼 및 기타 정신병적 장애 진단은 잘못 적용된 것이다.

조현양상장애 / 진단기준 (pp. 31-32); 진단적 특징 (pp. 32-33)

31 24세 남자 대학생이 대학건강서비스팀에 의해 응급의학과에 데려오게 됐다. 몇 주 전, 그는 자동차 사고를 당했다. 이 사고로 그의 친구들 중 한 명이 심각한 부상을 입고, 그의 품에 안겨 세상을 떠났다. 이 남성은 자신의 방에서 나오지 않았고, 지난 2주간 목욕을 하지 않았다. 그는 거의 식음을 전폐하면서

외계인들이 자신을 납치의 표적으로 삼고 있고, 자신이 그들의 무선통신 내용을 엿들을 수 있다고 주장했다. 그가 말하는 납치는 일어나지 않을 것이고, 송신은 실제가 아니라는 설득도 그에게는 아무 소용이 없다. 다음 중 이 남성에게 가장 적절한 진단(및 이에 대한 정당성 설명)은?

A. 뚜렷한 스트레스 요인을 동반한 단기 정신병적 장애, 증상이 비극적인 자동차 사고 이후에 시작되었기 때문
B. 뚜렷한 스트레스 요인이 동반되지 않은 단기 정신병적 장애, 정신병의 내용이 사고와 무관하기 때문
C. 명시되지 않는 조현병 스펙트럼 및 기타 정신병적 장애, 정보가 더 필요하기 때문
D. 조현양상장애, 정신병적 증상은 있지만 아직 완전한 조현병 모습을 갖추지 않았기 때문
E. 망상장애, 핵심 증상이 피해망상이기 때문

**정답** C. 명시되지 않는 조현병 스펙트럼 및 기타 정신병적 장애, 정보가 더 필요하기 때문

**해설** 단기 정신병적 장애 진단에는 1일 이상, 1개월 미만 동안 지속되는 정신병적 증상이 있어야 하고, 환자가 완전히 회복된 상태를 보여야 하는 필수요건이 있다. 이 사례에서는 증상이 얼마 동안 지속될 것인지 또는 환자가 완전히 회복될 것인지의 여부를 알지 못한다. 만일 환자의 증상이 1개월 이내에 관해되고 완전히 회복된 상태를 보인다면, 뚜렷한 스트레스 요인을 동반한 단기 정신병적 장애로 진단될 수 있다. 시간의 순서를 유지하는 한, 정신병적 증상의 내용이 스트레스 요인을 구성하는 사건과 일치해야 한다는 필수요건은 없다. 망상장애의 진단에는 1개월간의 증상이 필수적으로 요구되고, 보통 괴이한 망상은 포함되지 않을 뿐 아니라, 여기서 나타난 기능결핍 역시 포함되지 않는다. 조현양상장애에서는 1개월간의 증상들이 필수적으로 요구된다. 만일 이러한 증상들이 1개월간 지속되고 기능상의 결함이 이어진다면, 진단은 조현양상장애가 될 수 있다. 그리고 6개월 후가 되면, 조현병으로 발달될 가능성이 있다. 그렇지만 이러한 정신병적 증상의 향후 궤도를 알 수는 없다. 그러므로 명시되지 않는 조현병 스펙트럼 및 기타 정신병적 장애 진단만이 정당화될 수 있을 뿐이다. 명시되지 않는 조현병 스펙트럼 및 기타 정신병적 장애의 진단범주는 환자의 증상들이 특정한 조현병 스펙트럼 및 기타 정신병적 장애의 진단범주에 부합되지 않는 이유를 명시하지 않기로 선택하는 상황에서 사용된다. 이 진단에는 보다 구체적인 진단을 내리기에는 정보가 불충분하다는 증거가 포함된다.

**명시되지 않는 조현병 스펙트럼 및 기타 정신병적 장애 (pp. 71–72)**

# 찾아보기

## 역자 소개

■ **강진령**(Jin-ryung Kang, Ph.D. in Counseling Psychology)

미국 인디애나 대학교 상담심리학 석사(M.S.) · 박사(Ph.D.)
미국 일리노이 주립대학교 임상인턴
미국 플로리다 대학교 초빙교수 역임
현재 경희대학교 교수

**[주요 저서]**

상담연습: 치료적 의사소통 기술(학지사, 2016)
학교상담과 생활지도: 이론과 실제(학지사, 2015)
상담과 심리치료(개정판, 양서원, 2013)
학교 집단상담(학지사, 2012)
집단과정과 기술(학지사, 2012)
집단상담과 치료(학지사, 2012)
집단상담의 실제(2판, 학지사, 2011)
상담자 윤리(공저, 학지사, 2009)
상담심리 용어사전(양서원, 2008) 외 다수

**[주요 역서]**

DSM-5 임상사례집(학지사, 2016)
APA 논문작성법(원서 6판, 학지사, 2013)
상담 · 심리치료 실습과 수련감독 전략(학지사, 2010)
간편 정신장애진단통계편람/DSM-IV-TR: Mini-D(학지사, 2008) 외 다수

DSM-5 Selections
조현병 스펙트럼 및 기타 정신병적 장애
Schizophrenia Spectrum
and Other Psychotic Disorders

2017년 2월 10일 1판 1쇄 인쇄
2017년 2월 20일 1판 1쇄 발행

지은이 • APA
옮긴이 • 강진령
펴낸이 • 김진환
펴낸곳 • (주) 학지사
04031 서울특별시 마포구 양화로 15길 20 마인드윌드빌딩
대표전화 • 02)330-5114 팩스 • 02)324-2345
등록번호 • 제313-2006-000265호

홈페이지 • http://www.hakjisa.co.kr
페이스북 • https://www.facebook.com/hakjisabook

ISBN 978-89-997-1155-8 94180
978-89-997-1150-3 (set)

정가 16,000원



이 도서의 국립중앙도서관 출판시도서목록(CIP)은 서지정보유통지원시스템 홈페이지(http://seoji.nl.go.kr)와 국가자료공동목록시스템(http://www.nl.go.kr/kolisnet)에서 이용하실 수 있습니다.
(CIP 제어번호: CIP2017002146)